JN036320

ケアする対話

この世界を自由にするポリフォニック・ダイアローグ

横道 誠
小川公代
頭木弘樹
斎藤 環
村上靖彦

Ψ
金剛出版

はじめに

本書全体は、「ケア」と「当事者性」を総合テーマとしている。ケアの実践を日常の対話の場にも持ち込むこと、その際にそれぞれの当事者性を意識することが、本書の対談および鼎談の参加者それぞれの動機にあった。ケアという問題意識は最近では日本の思想界の大きなトピックになっていて、頭木さん、村上さん、私はそれぞれ医学書院の「シリーズ　ケアをひらく」から著書を刊行している（村上さんに至っては二冊！）。村上さんには『ケアとは何か――看護・福祉で大事なこと』（中央公論新社、二〇二一年）という著作が、小川さんには『ケアの倫理とエンパワメント』（講談社、二〇二一年）、『ケアする惑星』（講談社、二〇二三年）という著作がある。オープンダイアローグと当事者研究はいずれもケアの実践例だが、斎藤さんは前者に関して日本を代表する推進者と言え、頭木さんと横道は後者の実践者を果たしている。

本書に収めた対談および鼎談について、簡単に説明しておこう。

私が二〇二一年五月に『みんな水の中――「発達障害」自助グループの文学研究者はどんな世界に棲んでいるか』(医学書院)を出版したあとに、斎藤環さん、頭木弘樹さんと交流を持つようになったため、二〇二一年一一月に三人でオンライン鼎談をした。これが本書の第3章で、「当事者研究」という取り組みと「当事者批評」という新ジャンル表現が主題になっている。構成は斎藤哲也さんが担当してくれて、『文學界』二〇二二年三月号に掲載された。本書ではわずかに訂正した箇所がある。

二〇二二年一月に『唯が行く!――当事者研究とオープンダイアローグ奮闘記』(金剛出版)を出版し、これに機して斎藤環さん、小川公代さんとオンライン鼎談を二月に開催し、翌月から配信した。これが本書の第一章の元になり、主としてオープンダイアローグがテーマになっている。鼎談ではじっくり語れなかった部分を、本書では充分に補うことができた。

二〇二二年三月、私は『週刊読書人』の企画で村上靖彦さんとオンライン対談をし、同紙の四月一日号に特集記事として掲載された。これが本書の第四章になっていて、『唯が行く!』がテーマになっている。本書ではわずかに訂正した箇所がある。

本書の企画が始まって、上述した三本の鼎談および対談に合わせて、横道・斎藤・小川鼎談の第二弾を収録する構想が生まれた。これを二〇二三年二月に収録して、本書のために加筆訂正を加えながら成形した。これが本書の第二章で、当事者研究、自助グループ、ケアの倫理、発達障害、二〇二二年八月に死去した中井久夫などがテーマになっている。

本書には多様なサブテーマが埋め込まれており、さまざまな事柄に話題が及ぶため、読者の知的好奇心を刺激して、もっと学びたい、知りたいと読書欲を高めてもらえればありがたい。さらには読者が、自分でもケアにあふれた対話をやってみたいと思って、一歩を踏みだしていただければ、これ以上の喜びはない。

二〇二三年十二月

横道 誠

目次

091 ケアする読書会

横道 誠×斎藤 環×小川公代

213 異なる世界をつなぐ創作と研究

横道 誠×村上靖彦

対話はひらかれ、そしてケアが生まれる

物語・ユーモア・ポリフォニー

横道誠×斎藤環×小川公代

〈ミニ講義〉

自助グループ化、当事者創作について

横道誠

今回は、拙著である『唯が行く！――当事者研究とオープンダイアローグ奮闘記』を主な題材として、自助グループと当事者創作というものについてお話しします。また、この二つのテーマに絡めて、私の研究者としての側面、当事者としての側面などもご紹介できれば幸いです。

研究は自由に模索する

私はもともとドイツ文学を専門としている文学研究者でしたが、二〇一九年に自閉スペクトラム症（ASD）と注意欠如・多動症（ADHD）の診断を受け、自助グループに関わっていくようになりました。自助グループの経験はまだまだ浅いですが、診断を受けてから一年後に発達障害の自助グループに参加しはじめ、その後、すぐに自らグループの主宰をするようになりました。それらの自助会で、これまでの二年間に一五〇回以上の当事者研究、一〇〇回以上のオープンダイアローグ（ＯＤ）的な対話実践を実施しました。コロナ禍という事情がありますから、八割以上はオンラインでの開催です。

最近はこうした自助グループでの活動をアカデミズムに汲みあげようと試みていて、「文学・当事者研究」の専門家という肩書を使って執筆活動を行うこともあります。当事者研究がどのように行われているのかについて広めたいと思い、これを主題としたオンラインのゲームブック、「横道誠の当事者研究体験ゲーム」を医学書院の『かんかん！』というウェブマガジンに掲載してもらいました。その後、これを出発点として、自助会でのＯＤ的な対話実践の運用の紹介を合体させて書籍化されたのが『唯が行く！』（横道、二〇二二）という本です。非専門家で当事者――これを斎藤環さんは「経験専門家」と呼んでくれますけれども――である私が、福祉関係の本から夢中で学んだことを詰めこんだ本です。

文学研究者としての私は、研究者のあり方についてつねづね考えてきました。博士論文では、ドイツ文学研究というジャンルを立ちあげたグリム兄弟と彼らの学問的な後継者たちをテーマとすることで、その学問分野が成立してくる過程を研究しました。この研究の中で私が感じたことは、文学研究というジャンルは深まっていきながら、非常に「狭くなっていった」ということです。これはつまり専門化という意味にとれますが、文学研究ってそもそも、哲学、数学、物理学といった何千年もの歴史がある学問とは違って、せいぜい数百年の歴史しかありません。だから、研究者としてもっと多様なあり方を模索しても良いんじゃないかと考えるようになったのです。そのため、さまざまな文献にあたりいろんなことを取り入れていく中で、当事者寄りか、専門家寄りかといったところにこだわらず、自助グループの運用に活用できるか、当事者のための知恵になりうるかどうかということを方位磁石のように自分の中で常に意識しています。また、そうして取り入れたものを、その延長線上にある創作活動として、『唯が行く!』にも落とし込みました。私には、一方では、医療や福祉の専門家ではない当事者として「アマチュアリズム」を発揮して活動しているという経験があり、他方では文学研究者として「プロフェッショナリズム」に依拠した精密性へのこだわりを持っています。この両者の「イズム」が混淆して『唯が行く!』は生まれたと思っています。

この『唯が行く』という本には風変わりな要素がいろいろありますが、マルティン・ハイデガー（Martin Heidegger）の思想の引用は特にそれがあらわれている点だと思います。ハイデガーの思想そのものというより、私自身の拡大解釈ではありますが、万物が一回的で固有で唯一であるということを——平凡に見えるものでも貴重だというようなことを、いつも考えています。『唯が行く！』の物語の主人公は四方唯《しかたゆい》と名づけましたが、これはハイデガーの神秘主義的な概念[*1]「四方界《しほうかい》」と、私が住む京都府の一部地域に多い苗字の「四方《しかた》さん」と、「（すべては）唯一」という思想を合体させたネーミングです。

また、私はユーモアのある読み物がとても大切だと考えています。小学生の頃、私はいじめられっ子でしたが、あるとき、当時流行していた志村けんや加藤茶のモノマネをして周囲から笑いをとったことで、ユーモアによって生きのびていくことができるという成功体験を得て、自分の中に大切にしているのだと思います。自分が大事にしているユーモアというものを、現実世界だけでなく執筆活動にも持ち込みたいという思いがあり、『唯が行く！』にもちりばめたつもりです。だから、読者には物語の中の魅力の一つとして楽しんでもらいたい。中学時代は北杜夫の熱烈なファンだったのですが、斎藤さんが私の本を気に入ってくれた理由のひとつは、私たちがともに北杜夫チルドレンだというところにもあるんじゃないかと思っています。

＊1 ハイデガーによれば、四方とは、大地、天空、死すべき者たち、神的なものたちを意味する。

混ざりあう当事者性と専門性

『唯が行く！』は、自助グループを中心とした物語で、当事者研究とOD的対話実践の行われる模様を描きました。私の自助グループでの実践と、その延長線上にある物語で描きたかったことをお話しするために、まずここでは現実世界でもインパクトを放つ両者の概要について簡単に紹介していきます。

当事者研究とは、北海道の浦河べてるの家というところで始まった精神療法にルーツがあり、心理士がサポートに入りつつ、当事者が主役となって自身の病気や障害などを、同じ病気や障害を持つ仲間と共同研究することで、当事者の生きやすい状況を模索していくといったものです。一方、ODは、フィンランドの精神医療から始まったケアの技法です。詳しくは、この後の斎藤さんのミニ講義にお願いしたいのですが、対話だけで統合失調症を治すという成果によって国際的なインパクトを与えました。ODは日本でも盛んに取りあげられ、治療に取り入れる動きがありますが、保守的な病院も多く、何より金銭的なハードルがあって、実態としてはなかなか難しいところもあるようです。私は当事者の立場として、自助グループでのOD的な対話実践に注力していますが、当事者たちのあいだで広まることによって、医者や心理士たちを刺激すれば、普及に貢献できるのではという思いもあります。

私の自助グループでの活動、また、『唯が行く！』で描きたかったことは、専門知と当事者たちの経験知を合わせること――ポリフォニー（多声性）です。当事者研究は、文字通り当事者主義にもとづいて生まれてきたもので、専門家の中には、斎藤さんのように非常に好意的に接してくれる方もいる一方で、むき出しの「当事者エゴ」みたいなものをうっとうしく感じる方もいるかもしれません。片や、当事者の中には、専門家は自分のことをわかってくれないと感じ、専門的な知識に対する反感を持つ人たちもいます。

私はＡＳＤの当事者でもあり、文学研究の専門家でもあります。医療や福祉の専門家ではありませんが、文学研究者として専門知の重要性を理解しているのです。ですから、当事者の方たちには専門家の知識を改めて尊重してほしいという思いがある。当事者の持っている体験世界と、専門家の持っている学術的知見、どちらかではなく相互に尊重されていくことが一番良いのではないでしょうか。

オートエスノグラフィーとしての「当事者創作」

『唯が行く！』の中で、当事者グループの営みはポリフォニックな対話空間を実現していきます。これは、発達障害者である私の視点で描かれる、非定型的なコミュニケーションを有する人間が、濃密な対話の現場に巻きこまれつつ活動していった記録という性質もあるでしょう。そういった意味では、私の第一作目である『みんな水の中』（横道、二〇二一）と同じく、私自身のオートエスノグラフィー[*2]と呼べるものでもあります。私はこのような創作を、芸術や娯楽として生まれる一般的な創作と区別して、「当事者創作」と呼んでいます。フィクショナルな体裁を取ったのは、自助グループでは守秘義務が徹底されているためです。自分が主宰を務める自助グループの活動をそのまま書くわけにはいかず、創作によって紹介する形に落ちついたということです。

各登場人物には特定のモデルがいるわけではなく、これまでに自助グループ内外で出会ってきた何百人もの当事者の中から、複数のモデルやイメージを掛けあわせて構築しています。臨床心理士の報告会や論文でよく使われる、個人情報の守秘義務に配慮するために、参加者の情報を創作的に改変して報告する「ヴィネッ

＊2
民族学、文化人類学などで使われている研究手法。フィールドワークによって行動観察をし、その記録を残したものをエスノグラフィーと呼ぶ。それを応用してオートエスノグラフィーは、特定の状況における自己に対する観察記録としてまとめられる。

ト」という手法を念頭に置いています。しかし、例外として露骨に私をモデルにした、「レンツ」こと大津蓮くんと、自助グループ「蕣《あさがお》」の主宰者、「炊きたて」さんというキャラクターもいます。レンツは若いころの私自身、炊きたてはいまの私自身の特徴を誇張して造形しました。ちなみに主人公の唯は、『のだめカンタービレ』[*3]のヒロインをイメージしながら、自助グループで出会ってきた複数の女性たちをコラージュしましたが、私自身もかなり混ざっています。

読者の中には、ＡＳＤが創作する、ということに違和感を持つ人もいるかもしれません。従来、ＡＳＤ者は「心の理論」を持たない、つまり他者の心を読む能力がないとよく言われてきましたし、「想像力の障害」があるなんてことも言われてきました。しかし、この見解はいまや支持されなくなっています。実際のところ、現代の診断基準を与えるＤＳＭ－５（『精神疾患の診断・統計マニュアル　第五版』）では、心の理論の欠如や想像力の障害といった考え方は、すでに廃止されています。

京都大学が発表している調査報告では、ＡＳＤ者同士は共感できるというデータもあります。つまり、ＡＳＤの人たちは脳神経の構造が多くの人たち――発達障害がない「定型発達者」たち――と異なるために、多数派との共感は難しいかもしれないけれども、同じような感じ方、考え方、振るまい方、話し方を共有するＡＳＤ者同士では、問題なく共感する可能性が開かれているということが示さ

＊3　二ノ宮知子による漫画作品。およびそれを原作としたテレビドラマ・テレビアニメ・実写映画などの作品。

れています。

さらに、サヴァリーズ（Ralph J. Savarese）の『嗅ぐ文学、動く言葉、感じる読書──自閉症者と小説を読む』（岩坂訳、二〇二一）では、ASD者たちが、文学を独自の文脈から理解できることを複数の実例から明らかにしています。私自身、ASDのある人同士で文学や芸術について勧めあうという自助グループを開いており、同じ実感を得ています。現実世界では、心のありようをまるで推しはかれなかった他人のことが、文学作品を通じて理解できるようになったという声が非常に多く聞かれるんです。すごくおもしろいですよね。

世間では、私たちASD者が異星人のように見えると言われることもありますよね。でも、我々からすると、私たちのほうが普通ですから、九割以上の定型発達者のほうが異星人に感じられる。私たちASD者こそが「地球人」で、それは全人口の一割以下という感覚です。そして、地球を支配する謎のマジョリティ、九割の異星人たちが「定型発達者」ということになります──もちろん、これは思考実験ですよ。いずれにせよ、「異星人」のことは文学や芸術、小説や映画から学ぶことができるのです。このような私なりの異星人研究の意味も、『唯が行く！』にはあります。

脳の多様性――グラデーションで見る世界

近年の文献でよく見られる脳の多様性（ニューロダイバーシティ）という言葉についても考えてみましょう。従来の精神医学では、発達障害（神経発達症）、つまりＡＳＤ、注意欠如・多動症（ＡＤＨＤ）、限局性学習症（ＳＬＤ）は、双極症、統合失調症、パーソナリティ症、心的外傷後ストレス症（ＰＴＳＤ）などのさまざまな精神疾患と同列的に病名として語られるものでした。ニューロダイバーシティは、これに対するアンチテーゼとなる概念であり、発達障害を含むすべての人の神経発達的特性を多様性と捉え、相互に尊重する考え方です。近年の認知科学の研究から、人間の神経発達の特性には、さまざまな凸凹があることがわかってきていて、この特性が社会的な障壁によって障害化する場合に発達障害とされるだけ、つまり、とりまく環境次第で障害化しなければ定型発達と変わらないとする意見が主流になっているのです。

あるとき、あずささん（ハンドル名）という精神科医のツイートが話題になりました。彼女は発達界隈（発達障害者とその家族、支援者などのクラスタ）におけるインフルエンサーのひとりです。意味するところを簡単にまとめると、一〇〇％の自閉スペクトラム症的特性と○%の定型発達的特性という極から、一〇〇%の定型発達的特性と○%の自閉スペクトラム症的特性まで無際限のグラデーションがあり、人間は誰でもその中のどこかに位置しているという主旨です。自閉スペクトラム症の特性を、その名のとおり、スペクトラム（連続体）として、発達障害を人間の精神にとって、かなり普遍的なものとして捉えているのです。またASDとADHDは併発しやすいことが知られていますが、あずささんもADHDの特性のグラデーションは「ASD–定型発達」とは別の局面を構成していて、どちらかといえばASDの特性が強い人に現れやすいという考え方を示しています。

匿名ユーザーのツイートですから、精神医学の専門的な論文とは一緒にできませんが、私には自助グループの主宰者として、多くの当事者に接してきた経験から、かなり説得力を感じるものでした。『ニューロダイバーシティの教科書』（二〇二〇）などで知られる村中直人さんに意見を伺ったところ――これも正式な場ではなくてツイッター上での私的なやりとりではありますが――ADHDがASD者に現れやすいということには異論があるけれど、それ以外ではおおむね賛成できるとおっしゃっていました。『唯が行く！』に登場する発達障害者は、このようなニューロダイバーシティという視点で見た世界を考えながら、描いていました。

当事者批評、当事者創作……当事者紀行！

『唯が行く！』では、私自身の世界観を、小説、挿絵、マンガ（というか落書き?）、詩など、体裁にとらわれず、さまざまな形で表現することに挑戦しています。奇想天外な本の中身に面食らった読者もいるかもしれませんね。

前作である『みんな水の中』は、斎藤環さんから「当事者批評」と評していただきました。精神科医が、当事者の作品や生育歴などから、その人の障害や疾患を診断していく「病跡学」という分野がありますが、『みんな水の中』はそれを反転させて、当事者の私が創作物を通じて自分の世界観を表現している。斎藤さんは、これを「当事者批評」という新ジャンルだと言ってくださったのです。私はこれに感激して、次回作である『唯が行く！』ではさらに新しいジャンルとして「当事者創作」というものを考えました。発達障害の当事者として、この世界をどのように感じているのか読者に伝えたいという試みなのです。さらにさらに、その後、文藝春秋から刊行された『イスタンブールで青に溺れる——発達障害者の世界周航記』（横道、二〇二二）という本、これは私の過去の海外旅行体験を、発達障害の診断を受けた今、改めて振り返るとどのようなことが見えてくるかということをテーマにしていて、自ら「当事者紀行」と呼ぶことにしました。

このように当事者研究と文学研究の手法、さらに文芸創作のこころを融合させていくのが最近の私の取り組みです。先に述べたように文学研究の専門家として、文学研究のあり方に一石を投じる思いも含んでいます。『唯が行く！』はフィクションですが、実践的な側面を多分に意識していて、当事者や自助グループの関係者、対人援助専門職、人文学の愛好家など幅広い人たちに読んでいただければ嬉しいです。

文献

村中直人（二〇二〇）『ニューロダイバーシティの教科書——多様性尊重社会へのキーワード』金子書房
ラルフ・J・サヴァリーズ［岩坂彰＝訳］（二〇二一）『嗅ぐ文学、動く言葉、感じる読書——自閉症者と小説を読む』みすず書房
横道誠（二〇二一）『みんな水の中——「発達障害」自助グループの文学研究者はどんな世界に棲んでいるか』医学書院
横道誠（二〇二二）『イスタンブールで青に溺れる——発達障害者の世界周航記』文藝春秋
横道誠（二〇二二）『唯が行く——当事者研究とオープンダイアローグ奮闘記』金剛出版

〈ミニ講義〉

オープンダイアローグ入門

斎藤 環

私からは『唯が行く!』のひとつのテーマでもあるオープンダイアローグについて簡単に説明していきたいと思います。

オープンダイアローグの概要

オープンダイアローグ(OD)は、一九八〇年代にフィンランドの西ラップランドにあるケロプダス病院というところで家族療法家が中心となって開発、実践されてきた統合失調症のケアの技法です。一般的には治療法(セラピー)だと言われていますが、もともとはケアの技法であり、システムであり、思想でもあるとされています。ＯＤの背景にある思想の中には、小川公代さんの本にも共通するようなケアの倫理的側面が多く含まれていると私は考えています。

やっていることは非常にシンプルで——ある意味では「先祖返り」だと言っている人もいますが——治療チームを作り、クライシス状態にあるクライエントさんの家に訪問してミーティングを開くということをひたすら繰り返します。毎日会う場合もあれば、週に一回、二週に一回という場合もあり、一概には言えませんがクライエントの危機的状態が解消するまでは続けます。このようなシンプルな方法で統合失調症が回復していくということがわかってきており、多くの場合、入院治療や薬物療法を行わずに済むため、いま世界的にも非常に注目されています。繰り返しますが、これは単なる医療の手法ではなく、ケアの供給システムの名前でもあり、ケアの思想の名前でもあります。だから、現地ではもうオープンダイアローグとは言わず、ただの「対話実践（ダイアロジカル・プラクティス）」あるいはもっとシンプルに「ミーティング」という言い方をするそうです。

この方法の導入については、偶然の連鎖によって起こった経緯があります。たまたま家族療法の専門家がいた病院で、たまたまNeed-Adapted Treatmentという訪問支援型のサービスがあり、そういう実践が続いていました。そして、たまたまあるとき、「スタッフだけでクライエントについて話すのをやめる」というルールが設けられました。一般的に専門家たちは、だいたい患者さん抜きで治療方針を決めたり話すことが当たり前になっていますが、これをやめて、常にクライエントがいるところで話すということを徹底したんですね。これがＯＤの原型となるものです。その後細かなルールが整い、結果的に、この病院内で研修システムも作られることになりました。病院の職員全員がこの研修を受け、全員がセラピストになったというのだからすごいことですね。日本だと治療できるのは精神科医だけですから、千人患者がいたら一〇人の精神科医がいてもひとり当たり百人の患者を受けもつことになります。ところが全員セラピストであれば、百人のセラピストが一〇人ずつ担当すれば済みます。いわゆるケースロード、受けもち患者数が少ないということです。そうするとまず職員が疲弊しない、バーンアウトしない、それからもうひとつ、すごく丁寧にケアをする余裕が生まれるということがとても大きい。このことはコロンブスの卵みたいなもので、日本みたいに少ない専門家が治療を独占している状況では、当事者も専門家もしんどくなっていくという悪循環に陥りますが、少し視点を変えればこういうことができるという見事な実例になっていると思います。

日本での普及

ODの理論的主導者はヤーコ・セイックラ（Jaakko Seikkula）という臨床心理士で、彼は初期の開発者のひとりです。この方はアカデミックにも優れた方で、数多くの原著論文を執筆されていて、オンラインでも手に入りやすいと思いますので、みなさんにもぜひ読んでいただきたい。刊行されている本はいずれも共著で、『オープンダイアローグ』（高木・岡田訳、二〇一六）という本とわたしが監訳した『開かれた対話と未来――今この瞬間に他者を思いやる』（斎藤監訳、二〇一九）という二冊の本があります。

私は二〇一三年にODと出会ってその可能性に興奮し、少しでも早く紹介したいという思いから、原著の日本語版に先駆けて、『オープンダイアローグとは何か』（斎藤、二〇一五）という本をいち早く刊行してしまいました。この本がなかなか好評を博し、看護師や精神保健福祉士ほか、多くの精神医療関係者の方に読んでいただいたようです。やや専門的な内容の論文集として、『オープンダイアローグがひらく精神医療』（斎藤、二〇一九）という本もあります。一転して、『まんが やってみたくなるオープンダイアローグ』（斎藤・水谷、二〇二一）は、横道さんの『唯が行く！』のように、表現の仕方を転換して、マンガによる解説書となっています。ODを手っとり早く理解したい方は、まずこれを手に取っていただければと思います。文章だけで読むよりも、マンガで読むほうが、紹介された事例のキャラクターや展開にリアリティを感じることができるかもしれません。『唯が行く！』についても、登場人物が物語の中でキャラ立ちしているから、人間同士のやり取りが頭に入ってきやすく、あれは非常によい方法だと思いました。

森川すいめいさんという、精神科医として日本で初めてフィンランドで研修トレーナーのトレーニングを受けた人がいます。この方が『感じるオープンダイアローグ』（森川、二〇二一a）で、トレーニングの経験を書いておられ、また、『オープンダイアローグ――私たちはこうしている』（森川、二〇二一b）では、日本で実践するコツを書かれています。これは手法というよりも、「どういった姿勢で向き合うのがよいか」といったマインドセットについて書かれていて、まさにケアの倫理がにじみ出るような内容なので、ぜひ読んでいただきたい。

成立のルーツ～最新のエビデンスまで

ＯＤが成立した背景についても少し紹介してみましょう。特筆すべきは、このアプローチが、北極圏である西ラップランドのトルニオ市という、必ずしも医療資源が豊かとはいえない町で生まれたということです。潤沢な医療資源があってできたわけではなく、むしろ何もないところで、ありあわせの資源をつなぎあわせてブリコラージュ的に、紆余曲折を経て実践をやっていった結果として開発されたのです。

ケロプダス病院は、公立の単科精神科病院で、小規模な病院ですね。看護師詰所や病室はやや質素なのに対して、対話を行うミーティングルームは立派なソファーを並べてあり、くつろいで対話できるようにしつらえてあるそうです。そのような部屋があることからもわかるとおり、対話は訪問だけではなく、病棟内や外来でも行われます。

アウトカム（成果）についてもここではひとつだけ紹介します。ＯＤを実践した群（ＯＤＡＰ群）と薬と入院で治療した群（伝統的治療群）を比較したところ、統計的に二群間比較するまでもない歴然とした差がありました（表）。例えば再発率では、伝統的治療群が七一％なのに対し、ODAP群が二四％ですから、まったく異なる結果が得られています。ただこの研究は、エビデンスレベルはあまり高くないという批判もあることを申し添えておきましょう。

ここで簡単に紹介した以外にも、ODのさまざまなエビデンスが蓄積されつつあります。最新のODLONGという研究は「後ろむきコホート研究」という患者の追跡調査で、エビデンスレベルはかなり高いものです。また、今イギリスで実施されている「ODESSI」と呼ばれる大規模RCTでは、ODを実施した地域としなかった地域のアウトカムに有意差が出るかどうか厳密に調べていて、こちらは最もエビデンスレベルが高い研究といえるでしょう。この研究ではっきりと有意な差が出れば、ODの効果が確立されることになります。

「対話で治る」という衝撃

ODが日本で注目されている一番の理由は、対話によって急性精神病（統合失調症）が改善・治癒するということに尽きます。統合失調症

表　オープンダイアローグのアウトカム（Seikkula & Olson, 2003）
（西ラップランド地方において統合失調症と診断された患者群の
2年間の予後調査の結果）

	ODAP群	伝統的治療群
抗精神病薬の使用率	35%	100%
精神症状の残遺率	18%	50%
2年間の再発率	24%	71%
障害者手当の受給率	23%	57%

は、これまでのどんな文献にあたっても、薬物治療と電気けいれん療法――つまり身体療法しか効果がないとされていました。このような状況に対して、対話だけで治るという事実は、私のように長年、精神医学に従事している者にとってはとても信じられないことだったのです。これまで「統合失調症に回復をもたらす精神療法」はほとんど知られておらず、統合失調症に対しては、精神療法を行った結果、かえって悪くなってしまうことだってあるとされていました（だから、精神分析は禁忌とされています）。ODはその常識を完全に覆しました。それでも、いまひとつ日本で普及が進まない理由として、精神科医にとってあまりにもその事実が衝撃的すぎて、まだそのショックを受け止めきれないということがあると思います。自分たちのアイデンティティが壊されかねないわけですから。いや、私自身、当初は「なんかまたうさんくさい代替医療が出てきたな……」と、半信半疑だったわけですし。

よく、フィンランドだから有効なのであって日本ではどうなのかと疑問視されることもありますが、すでに実践している立場として、対話実践のみで統合失調症が回復するのは事実であると自信を持って断言できます。疑う人はやってみればいい。むしろ統合失調症に一番効くんですよ。双極症とかうつ病にも有効ですが、強迫症など、対話だけでは難しいケースももちろんあります。だから薬物や入院はできるだけ避けていますが、対話のみで難しい場合はもちろん使用します。イデオロギー（薬物は絶対悪、みたいな）ではないので、柔軟に運用できる。そういった意味で、「万能薬」じゃないところもいいですね。

皮肉なことに日本は現在、精神科の病床数が三二万床という、実に全世界の病床の二〇％にあたる世界一の収容大国になってしまいました。入院中には保護室の利用や身体抑制の割合が非常に高いことでも知られていますね。つまり、精神科病院内では、いまだに人権と尊厳が蹂躙されているという現実があると言わざるを得ない。この状況に一石を投じる意味でも「対話実践」というのは非常に大きな価値を持っている。

オープンダイアローグの実践

ここからはODの具体的な手法に触れていきたいと思います。

チーム医療

ODにはまず、チームで行うという特徴があり、これによりセラピストの負担が軽くなります。対人援助にかかわった人であれば誰しも経験すると思いますが、一対一の支援というのは被支援者との共依存に陥ってしまい、非常に苦しい状況になることがあります。ところが治療チームで臨めばそれがほとんど起こらない。依存に陥らないからこそ、逆に治療者は安心して自分のプライバシーの開示や感情の表出を被支援者に対して行うことができ、とても楽になります。いわゆる治療的中立性を考えすぎてポーカーフェイスみたいになる必要がなくなるということです。

リフレクティング

つぎにODのひとつの柱と言える、リフレクティングという手法を紹介します。これはたとえるなら、当事者の目の前で当事者の噂話をするような対話の手法です。通常はクライエントや家族を専門家が観察しながら支援のアイディアを出すのに対して、リフレクティングでは逆に、専門家同士が喧々諤々と議論し合っているさまを、クライエントに観察してもらう。ただし、当然ですがネガティブなことはあまり言わないというマナーを守り、当事者を評価したり、当事者にとってどんなふうに思うことがプラスになるかといったことについてアイディアを出したりして、その様子をクライエントに観察してもらうのです。

このスタイルの良いところは親密さを醸成しやすくなるところにあります。通常のインフォームドコンセント（説明と合意）では、クライエントに面と向かって、「A、B、Cと治療法があり、それぞれのリスクとベネフィットは――」と説明し、どれを選ぶか訊いていきますが、一対一で複数の選択肢が与えられても、この先生はどうも薬を飲んでほしそうだ、みたいな忖度が働き、結果的に判断の押しつけに近いシーンが起こりやすくなります。治療者同士が「この人はこうしたほうがいい、ああしたほうがいい」といろんな意見を交わしている姿を見せるほうが、患者さんも気楽に選びやすくなるんです。加えてリフレクティングには、クライエントの内的な対話を活性化させることで主体性の回復にプラスになる側面もあると言われています。リフレクティング自体はノルウェーのトム・アンデルセン（Tom Andersen）という精神科医が開発した家族療法の技法だったのですが、ヤーコ・セイックラとトム・アンデルセンが親友だったため、この手法もたまたまODに取り入れられ、いまに至るまで使われているのです。

七つの原則

ODには七つの原則があります。一つずつ説明していきましょう。

一つ目は「即時対応」、要請があったら、すぐに対応するということですね。

二つ目の「社会的ネットワークの視点」、これはクライエントの脳や心だけが単独で病んでいるわけではなく、人間関係において問題が起こっていて、そのしわ寄せがクライエントに集中しているという見方をする家族システム理論の考え方にもとづいています。ODについて「チームの力でネットワークを修復する」と表現された方がいますが、簡潔ながら、非常に見事な表現だと思います。

三つ目の「柔軟性と機動性」は、その都度の本人のニーズに合わせて対応していくということ。当たり前と思われるかもしれませんが、この発想の前提として、メンタルに問題を抱えたクライエントのニーズというものは、その時々によってどんどん変わるという現場の常識があります。変わっていくニーズに合わせて支援も柔軟にしようということです。

四つ目と五つ目の「責任と連続性」は、同じチームメンバーが、治療の最初から最後まで、責任を持ってかかわりましょうということです。これも治療者の異動や転勤が多い日本の臨床現場では守られにくい、しかしとても大切な原則です。

六つ目の「不確実性に耐える」という原則が一番大事です。これは小川さんがご著書の中で繰り返し引用されている「ネガティブ・

- 即時対応（immediate help）
- 社会的ネットワークの視点を持つ（a social networks perspective）
- 柔軟性と機動性（flexibility and mobility）
- チームが責任を持つ（team's responsibility）
- 心理的連続性（psychological continuity）
- 不確実性に耐える（tolerance of uncertainty）
- 対話主義（dialogism）

図　オープンダイアローグの七つの原則

ケイパビリティ[*4]」とほぼ同じことですね。つまり、治療のプランを立ててはいけないということです。綿密な予定を立てても、治療のプロセスの中で逸れていくから、プランを立てる意味がないという考え方です。これは、ケアにとっても治療にとっても革命的で非常にラディカルな原理と言えるでしょう。私の経験でも、うまくいった治療やケアを振り返ると、あらかじめ立てた計画どおりにいっていないものが多い。まったく思いもよらない方向から解決策が飛んできて突然解決したということがほとんどです。横道さん風に言うと、「回復のプロセスもそれぞれに唯一かつ固有のもので、あらかじめプランを立てることができない。だから、プランは立てずに目の前の対話のプロセスに没頭することが大事」となるかもしれませんね。ネガティブ・ケイパビリティにしても、不確実性に耐えるということにしても、ゴール思考ではなくプロセス思考であるという点が、共通しています。ケアのプロセスをいいものに磨き上げていけば、結果はあとからついてくる。ODにおいて治療とか治癒とか回復というのは全部おまけ、副産物みたいなものですね。対話の目的は対話それ自体なんです。昔から、「治そうとしすぎると治るものも治らない」ということはベテランの治療者がみんな言うことですが、それを体系化したのがODと考えていただければいいんじゃないかと思います。ケアにもある程度通じるところがあって、この人のケアを一所懸命やろうと入れ込み

＊4　イギリスの詩人ジョン・キーツ（John Keats）の作った概念。容易に答えの出ない事態に耐える能力とされる。

すぎるより、その都度目の前のケアに没頭していくほうがよりよいケアになるということがあるんじゃないでしょうか。

七つ目の「対話主義」は、対話自体を目的化する――もっと言えば、対話さえ続いていれば何とかなるという、一種の楽観主義のことです。但し、議論、説得、説明、アドバイスなどは対話ではありません。これらはすべて結論ありきで、それを相手に飲みこんでもらうためにするモノローグです。それから、「正しさ」や「客観的事実」も有害な概念です。何が正しいかとか何が客観的かということを一旦忘れないと対話はできません。対話というのは主観と主観の交換ですから、いかに相手の主観をみんなで共有するかということを考えます。よく妄想を持っている人の主観を大事にしたら、その妄想がどんどん育ってしまうのではないかという疑問を持つ方がいますが、幸いなことにそうはなりません。これは不思議なことで、私もなぜなのか、理屈としてはわかりませんが、なぜかそうならない。こちらがいっさい反論もせず、反証も挙げず、ただ妄想的な訴えを丁寧に聞いて、「私はよくわかりませんから、もっと詳しく教えてください」といった応答を返していくと、なぜか「正常」化していくんですよ。妄想や幻聴がそうやって治っていくことを知って私も驚き、もっとこの事実を広めていきたいと思い、ODNJP（Open Dialogue Network Japan）という団体で広報と啓発活動を行っています。関心がある方には、ぜひご参加いただきたいです。

文献

森川すいめい（二〇二一a）『感じるオープンダイアローグ』講談社

森川すいめい（二〇二一b）『オープンダイアローグ――私たちはこうしている』医学書院

斎藤環＝著＋訳（二〇一五）『オープンダイアローグとは何か』医学書院

斎藤環（二〇一九）『オープンダイアローグがひらく精神医療』日本評論社

斎藤環＝解説、水谷緑＝まんが（二〇二一）『まんが　やってみたくなるオープンダイアローグ』医学書院

ヤーコ・セイックラ、トム・E・アーンキル［斎藤環＝監訳］（二〇一九）『開かれた対話と未来――今この瞬間に他者を思いやる』医学書院

ヤーコ・セイックラ、トム・E・アーンキル［高木俊介、岡田愛＝訳］（二〇一六）『オープンダイアローグ』日本評論社

Seikkula, J. & Olson, M.E. (2003) The open dialogue approach to acute psychosis : Its poetics and micropolitics. Family Process, 42 (3) ; 403-418.

〈ミニ講義〉ケアの倫理とオープンダイアローグ

小川公代

お二人のお話を聞きながら、いかにオープンダイアローグ（OD）というものがケア、あるいはケアの倫理と深いところでつながっているのかということを感じました。この後のお二人との鼎談に向けて、私からは、ケアの倫理とODが架橋できるのかどうか、何かしらのヒントや刺激になるんじゃないかと思ったことについてお話させていただきます。

ケアの倫理×オープンダイアローグの交錯

まずはケアの倫理について少しお話します。

私が昨年上梓した『ケアの倫理とエンパワメント』（小川、二〇二一）という本——その議論の出発点となった、一九八〇年代に書かれたキャロル・ギリガン（Carol Gilligan）の『もうひとつの声で』（川本ほか訳、二〇二二）という本があります。彼女が目指していたものは、先ほど斎藤さんがおっしゃっていたような、まさに主観と主観の交換ということであったり、あるいは自己と他者がつながって対話をしていくといった、ケアをベースにした価値観をもっと評価していくことでした。そもそも、その時代の発達心理学というのは、例えばローレンス・コールバーグ（Lawrence Kohlberg）という人が確立していたような自立した自己をベースにした理論や倫理がもてはやされていたんです。いまのネオリベラリズム的な価値観でも、同じように、自立した自己といったものが評価されがちですが、ギリガンは一九八〇年代から関係性をベースにした価値観というものを見なおそうとした人物でした。

私は、今日のお二人の話が、ギリガンの主張に共鳴する内容を含んでいると思いました。患者の精神状態が悪いという視点に立ち、投薬やカウンセリングをすることで何とか治療しようとするアプローチに対し、家族システム理論に立ちネットワークの修復を考えるという理論は、非常に説得力があると感じます。それは、個というものが他者と結びついてできあがっていると見る環境ありきの治療法ですね。治療者目線のプランを立てたところでしょせん他者がどこかで別の作用を与えているかもしれないのだから、包括的に考えて——例えば家族を巻きこんで——いろいろな他者が入って来た状態で治療していこう、というような理論だと理解しました。

私自身、九〇年代に初めて『もうひとつの声で』を読むまでは、自立した自己にしか価値を置いていなかったし、他者が自分に何らかの作用を与えるんじゃないかという文脈的なものや、あるいは斎藤さんがおっしゃったような不確実性をもっと大事にすべきといった視点はありませんでした。今日、お二人の話を聞いて私の中で、コールバーグの正義の倫理に対して、ギリガンのケアの倫理が打ち立てられたときと同じような衝撃を受けています。『唯が行く！』はギリガンと同じくらい、ラディカルな本といえるのではないでしょうか。

横道さんが最初におっしゃった、専門家と当事者が相互的に尊重することをよしとする発想は、まさにケアの倫理です。『唯が行く！』の物語の中では、ODの実践について示されていて、その中で「水平のまなざし」ということが大事にされている。これは、どちらかがどちらかをコントロールすることがないような関係性を目指すことです。片方が過度に能動的であったり、もう一方が過度に受動的であったりしない、双方が中立である中動態[*5]のような感覚とも言えます。斎藤

＊5
能動態と受動態という今日の文法的対比が存在しない古くからあった古代印欧語の形態。國分巧一郎の著書『中動態の世界』（二〇一七）により紹介された。

さんのODの解説の中でも言及されていましたが、ネガティブ・ケイパビリティという概念とも通じるものですね。

ケアを受ける存在としての「横臥者(the recumbent)」——ヴァージニア・ウルフの系譜

ギリガンは著書の中で自認しているように、イギリスのモダニスト作家のヴァージニア・ウルフ(Virginia Woolf)からインスピレーションを受けています。ウルフの「病気になるということ」というエッセーの中で、ギリガンがウルフからヒントを得たことがわかる記述があります——早川書房さんがウェブ上で片山亜紀さんによる全訳を公開しているので、ぜひみなさん読んでください。

ウルフがギリガンに及ぼした影響として——彼女自身は使っていない言葉ですが、「ファルス中心主義」から距離を置くという立ち位置があります。「ファルス中心主義」と言うと、含む文脈が大きすぎるきらいがありますが、簡単に言えば、父なるものや権威、権力といったものから強いられることに対して、優劣関係が生じることを指します。先ほどの斎藤さんのお話にもあったように、医者と患者が一対一で会って治療法を話し合うときにも後者が権威に負けて忖度してしまう、そういった状況が結構あると思うんです。

ウルフは自身が病気がちであったり、安静療法などを受けてつらい思いをした経験があったりするため、医者と患者の関係性に疑問を持っていた時期があります。そうしたこともあり、権威を持ったファルス的な人を直立人（the upright）とし、それに対して、自身のようにずっと患者であった人を横臥者（the recumbent）――つまり横になる（水平の）立場であると主張しました。この両者の対比を常に意識している人物だったのです。ギリガンが最終的にケアの倫理に行きついたプロセスの中には、おそらくウルフのこのような思想との接点がありました。

『唯が行く！』の中でも、「直立人」対「横臥者」の対比を感じさせるシーンがあるので、ここで少し紹介させてください。「苺屋さん」という登場人物が自助グループの中のODの実践で、自身の悩みを打ちあける場面があります。苺屋さんは母親の過干渉と、自身の人格を母親のコピーであるように感じられることに悩んでいました。この打ち明けに対してグループの参加者からいろいろなアドバイスがある中で、美希さんという人の率先した提案により、ODの一環としてのロールプレイを行う展開になります。ロールプレイの中で、美希さんは苺屋さんが望んでいた母親像を演じ、疑似的な体験を介して、内面化している母親の役割を新たに上書きするという試みがなされます。このロールプレイの取り組み自体が面白い実践で、とても勉強になりましたが、さらに興味深かったのは、ロールプレイの終了後、ほかの参加者がリーダーシップをとった美希さんのやり方に対して、ODで大事な対等性が保持されておらず、美希さんひとりだけ輝いていたと批判することです。このシーンは、ODの実践の場においてリーダーシップというものが忌避される側面が感じられ、これこそ直立人と横臥者の問題といえる、非常に興味深いシーンでした。

文学から現実の支援が生まれるとき

斎藤さんのご著書『母は娘の人生を支配する』（斎藤、二〇〇八）も、苺屋さんのような母娘の問題を扱われていますね。実践とのつながりを持つ物語を描く横道さんも、ご著書の中で文学作品を題材にされることがある斎藤さんも、フィクションの中からも現実の支援が生まれ得るとお考えのことと思います。そのようなことができたら、文学、漫画、映画などの表現によって、人間が生きていく指針をある程度示すことができるかもしれませんから、素晴らしいことだと思います。

先ほどご紹介したヴァージニア・ウルフは生態系を包括的に考える作家で、代表作の『ダロウェイ夫人』（丹治訳、二〇〇七）では、セプティマスという登場人物が自身を最弱なものとして植物に重ね合わせる幻覚を見て「木を切ってはならない」と言う場面があります。

このように文学の中に見られる、最弱の人に寄り添う姿勢やそういった考え方をODで実践していくことはできないでしょうか。先ほどの苺屋さんの逸話で、美希さんが若干ほかの人より強いという話にも関係してくるように思います。ODにはこの問題の解決策としての可能性があるように感じられました。

横道さんの『唯が行く！』は物語と実践をつなぐ試みと言えますよね。文学やナラティブって現実のメソッドとして非常に有用なことがあると思います。斎藤さんも大島弓子さんの『ダイエット』（大島、一九八九）という短編マンガを紹介されていたことがあり、現実の問題を扱うための糸口にしておられました。この作品は私も昔読んでいて、少々おぼろげな記憶ですが、過食気味だった主人公の少女が親友にボーイフレンドができた途端に拒食症になってしまうというあらすじだったと思います。物語の中では最終的に、その親友とボーイフレンドが自分の両親になって疑似家族を作ることになり、斎藤さんはこれについて、フィクションならではの解決方法だとおっしゃっていました。

『母は娘の人生を支配する』の中では、コントロールという問題も非常に重要なポイントとして挙げられています。母親に支配を受けていることを、娘が自身のうちに内面化してしまうという心理的な問題と言えますね。拙著の中では一回もコントロール（支配）という言葉を使っていませんが、私にも少なからずあった親からの支配という問題に共感しながらこの本を拝読しました。

『ケアの倫理とエンパワメント』では、子どもをコントロールしない親のモデルを、フィクションの紹介を通じて伝えたいという思いがありました。例えば、多和田葉子さんの『献灯使』（多和田、二〇一七）です。この作品に登場するペアレンティングのモデルは母親ではなく、ひいおじいさんがひ孫を育てる話で、幼いかわいらしい子どもを見て、誰も彼に手を差しのべない、自分しかいないという状況で、口をついて出たのが「頑張ろうな、同僚」という言葉でした。これもまた、水平の目線でOD的に感じられます。

文献

キャロル・ギリガン［川本隆史、山辺恵理子、米典子＝訳］（二〇二二）『もうひとつの声で――心理学の理論とケアの倫理』風行社

國分功一郎（二〇一七）『中動態の世界――意志と責任の考古学』医学書院

小川公代（二〇二一）『ケアの倫理とエンパワメント』講談社

大島弓子（一九八九）『ダイエット』KADOKAWA

斎藤環（二〇〇八）『母は娘の人生を支配する――なぜ「母殺し」は難しいのか』NHK出版

多和田葉子（二〇一七）『献灯使』講談社

ヴァージニア・ウルフ［丹治愛＝訳］（二〇〇七）『ダロウェイ夫人』集英社

〈クロストーク〉

対話はひらかれ、そしてケアが生まれる

――物語・ユーモア・ポリフォニー

セラピーか、ケアか

横道　オープンダイアローグ（OD）がセラピーなのか、ケアなのか、私はいつも悩んでいて、今のところ明確な答えがみつけられていません。斎藤さんには精神科医というお立場にもかかわらず、ODをケアと考えて良いとおっしゃっていただきましたが、基本的にはセラピーとして紹介されていることが多く、斎藤さんのように言っていただける医療関係者ばかりではないとも思っています。それに、ODは、急性期の統合失調症への効果によって注目を集めました。この場合は、セラピーと言って良いのかもしれないですよね。斎藤さんには、ODの「ケアの技法」としての側面についてどう思われるか、お伺いしたいと思います。

斎藤　私としては、あくまでケアでいいと思っています。統合失調症急性期の人に対して行うものもケアであってよいし、極論すれば、精神疾患のほとんどはおそらくケアだけで良い。

セラピー、トリートメントといったものは、まず診断（diagnosis）があり、その診断に即して、治療が提供されるというのが身体疾患モデルです。身体疾患では鑑別診断がとても重要で、正しい診断をしなければ正しい治療はできません。

正直に言うと、精神科医は身体医学に強いコンプレックスを持っていて、われわれもあれくらい確実な世界で生きたいという思いもあり、そのせいか厳密な診断にこだわる面があります。しかし、精神科における診断はDSMがそうであるように、何年かに一度診断基準ががらっと変わるぐらい、いい加減なものです。新しい病気なんてそうそう出現するわけないのに、診断基準の変化によって病気が増えたり減ったりします。例えば、同性愛はDSM－Ⅱまでは病気とされていましたが、DSM－Ⅲからは病気と見なされなくなりました。

そもそもバイオマーカー——つまり身体的な検査で分かるような指標が何もありませんから、身体疾患並みの精度での確定診断は不可能です。だから、正しい診断に正しい治療ということにあまりこだわりすぎることは意味がない。私は基本的には疾患特異性の低い丁寧なケアで十分と考えています。こういうことを言うと業界的にはかなり命取りな発言ですけど、本気でそう考えています。ただし、そのケアとしての指標はそれなりにトレーニングが必要だし、倫理的な配慮も大事だと思います。

横道　斎藤さんのミニ講義のお話で、ODが本来、統合失調症の治療として生まれてきたことをご説明いただきましたが、私たちの自助グループでは、発達障害者や双極症、パーソナリティ症といったさまざまな精神疾患の当事者にOD的な対話実践を運用しています。斎藤さんにODがセラピーではなくてケアだとおっしゃっていただいたことにも、とても共感します。私たち自助グループの関係者にとって、この対話実践は医療の現場でのOD以上に、普遍的なケアの技法になっています。良かれ悪しかれ、ODが統合失調症という特定の精神疾患を対象として生まれたことは、それほど重視されていないのです。このOD「的な」対話実践、つまりODそのものではないということを表現するために、『唯が行く！』では、「OD・アプローチ」という微妙な言い方を選択しました。

『唯が行く』の物語の中で、当事者研究が確立した技法として毎回同じ形式で運用されているのに対して、OD的な対話実践はそのときによって形を変えて取り組まれます。本来のODをどうアレンジするかは、実践する自助グループごとに異なり、良く言えば自由度が高く、悪く言えば課題が多いということです。私たちの自助グループでも、対話を希望する参加者たちに合わせて、みんなでいろいろ試行錯誤しています。『唯が行く！』に出てくるOD・アプローチにも、その実態を反映させているので、出てくるたびにやり方が変わっていっている。

こうした話は、あくまで日本の自助グループや創作物の『唯が行く！』での話ですが、おそらく医療の現場でも、ある程度は同じような実態があるんじゃないでしょうか。フィンランドと日本では精神医療の現場に違いがあるはずだし、使われる場に合わせて独自の運用方法を模索していく余地があるような気がします。

斎藤　ミニ講義ではODの統合失調症への効果ばかり強調しましたが、一部成人の発達障害事例に応用しても、非常に有効でした。私は神田橋條治さんの「発達障害者も発達します」という言葉が大好きで、彼らはむしろ高齢になってからも成長しつづける可能性が高いと考えています。ODは、そういった成長力を促進する力も秘めているように思いますね。

リーダーシップは必要か

小川　先ほどミニ講義でご紹介した、『唯が行く！』の作中で苺屋さんの問題を扱ったロールプレイのシーンについて、作中ではリーダーシップをとった美希さんに対する批判がありましたが、これはかなりリアルな描写なんじゃないでしょうか。つまり、実際の場面でも対等性が完全に保持されることは難しいのではと想像します。また、そうした微妙なスタイルの部分で違いが出たときに、ODと呼べる最低限の枠組みといったものは存在するのでしょうか。

横道　小川さんは、『唯が行く！』の登場人物たちについて一様に中動態を感じると言ってくれましたね。この物語は当初、『中動態の人々』というタイトルになる予定だったんですよ。

この本の出発点が、『横道誠の当事者研究体験ゲーム』という自作のオンライン・ゲームだという話をミニ講義編でしましたが、その時点での主人公はレンツでした。ヘタウマの挿し絵も私が書きました（左下のイラスト）。いまでも『かんかん！』に掲載されていて、遊べるようになっています。

この記事から書籍化を目論んだ企画当初の書名は『レンツくん――当事者研究とODによるビルドゥングスロマン』でしたが、そこから推敲を重ね、複数のキャラクターに焦点を当てた群像劇にした第二稿の『中動態の人々』、レンツが恋心を抱く女の子を主人公に抜擢して書いた第三稿の『唯が行く！』と変遷があります。その後、金剛出版の編集者さんの助言を参考にして第四稿を作り、刊行にいたります。つまり、「中動態」こそ内蔵されたテーマだったということを、小川さんには敏感に感じとっていただきました。

物語の原理としても、現実の自分にとっても、自助グループの主宰者がどのくらいリーダーシップを取るかという問題については、葛藤があるところです。公平な共同体を作るとしても、誰かが先導する必要はあるので、民主主義の問題そのものと言えるかもしれません。

自助グループの起源にあたるＡＡ（アルコホーリクス・アノニマス）では、運営側がリーダーシップを取らないことが、とても大事にされています。みんなが対等であって、リーダーはシンプルに会合の場所を用意したり、あくまで消極的に運営と進行を担当したりする人として機能していて、それ以上にはならない、そういう価値観が保たれています。でも、アノニマス系ではない自助グループでは、強力なリーダーがいることが多いという現実があります。強力なリーダーがいるほうが栄えやすいのですが、体制が固定化し腐敗しやすいという弱点もあります。

少し飛躍した話ですが、基本的に全生物は中動態的なものと言えるのではないでしょうか。さまざまなことについて、能動か受動と二者択一で考えられがちですが、実際は両者のどちらでもない局面が多いと私は思います。例えば生物の内

蔵の動きとか、目の瞬きなんかは、能動でも受動でもなく、そういう現象の中にあることを私たちが生きているという、中動態的現象です。

それから、私はASDの特性で展開の先読みが苦手な面があり、ネガティブ・ケイパビリティ――あるいは先述の、ODで大事にされる「不確実性に耐える」能力――の実践を多くの人より難しく感じていると思います。だからこそ、それを鍛えたいと思っており、挑戦しがいがあることなのです。

斎藤　ODの実践でグループのリーダー一人が輝きすぎてしまうという問題について、専門家の立場から少しお話しますね。

セラピストというのはみんなトレーニングを受けており、一人がしゃべりすぎたり、指導しすぎたりすることが悪い結果につながることを教わります。ですから、セラピストとクライエントという構図ではそういったことはまず起こらないでしょう。基本的にはクライエントが対話の主導権を持っていることが理想で、そのほうが予後が良く、回復が早いと言われています。美希さんの対話の例では、確かに少々セラピスト側の人がリーダーシップをとりすぎている感じがありましたね。もし私があの場にいたなら、軽く指摘してリフレクティングで違和感を表明したかもしれません。

ただし、ロールプレイだったら許容されるという考え方もありますから、そのあたりはケースバイケースです。治療者間であっても異論がたくさん出ることは当然で、そうしたものもポリフォニーと呼べるでしょう。目の前の実践に対して違和感を覚えたことを伝え合って構わないということです。

当事者－医療者の垣根をとりはらう

横道　ケアの領域で対話を用いる人が、どのくらい進め方を主導して良いかというのは、難しい問題ですよね。私の立場から、つまり自助グループの主宰者としての立場からもう少し考えてみます。

　まず、私のようなＡＳＤ者は、白黒思考が強いとか、ゼロ百思考だということがよく言われ、物事を突きつめて考えがちで、「結局はこれを言いたいんだ」と結論を急ぎがちになってしまう傾向があります。だから発達障害者の交流って難しいところがあって、それも「脳の多様性」のひとつの可能性と言えば聞こえはいいのですが、例えば当事者研究やＯＤを発達障害者同士でやっていると、「私にはこれが良かったから、あなたもそうしたほうがいい」みたいなアドバイスだらけになってしまいがちです。ＯＤでタブーの、アドバイスですね。一方で当事者として、困っていることに関してまず有益なアドバイスがほしいと思っている人もいるので、当事者研究でもODでも、どちらが良いのかいつも葛藤します。作中で成長後の唯《ゆい》が、この「アドバイス」問題について考察する描写も入れました。

自助グループの参加者たちは、発達障害者に限らずとも、主治医が頼りにならない、カウンセラーもダメだった、とせっぱ詰まって、藁にもすがる思いでやってくることが多いですから、そういう状況でネガティブ・ケイパビリティを発揮する人は、やはり少数派です。どちらかといえば早く答え、つまり「救い」がほしいと思っています。アドバイスを求めて来たのに、それがもたらされなかったから失望した、という声も実際に聞こえてくる。特に病院でやるODと決定的に違うところは、自助グループへの参加者は「一見さん」が非常に多いということです。ひとりのクライエントに対する継続的支援は、ODの肝のひとつですが、自助グループでは、それがしばしば困難です。だから、余計に即効性のあるアドバイスへの需要が高まってしまう。作中の唯と同様、私もいつも悩んでいます。

また、私がやっているOD的な対話実践は、当事者研究的なニュアンスを帯びていることが多いと思っています。というのもODに比べると、当事者研究のほうが私にはやりやすくて、自分の大学のゼミ運営の経験値が生かされて、うまくいく。ODでは事情が違っていて、なかなか苦闘しています。斎藤さんは「受ける側」として、発達障害者にはODが有益だと指摘していて、たしかに私もそのように信じているのですが、「やる側」としては、ASDの特性と噛み合わせが悪いと感じます。

私のように「当事者研究的」なODをやりがちな人もいれば、「ナラティブセラピー的」なODをやる人もいます。そうすると、カウンセリングの手法が基盤ですから、どうしても司会者の主導権がかなり強力な印象になるんです。私はそれに抵抗感を抱くことが何度もあって、それが美希さんの問題の場面に反映されています。とはいえ、美希さんはカウンセラー、つまり専門家の卵で、私が体験したのは専門家として訓練をしていない当事者の実践でしたから、その点は異なっています。

私たちはあくまで自助グループとしてやっている。なのに、自分たちを支援の専門家と思いこんでしまうと良くないことになってしまうと、いつも考えています。訓練を受けていないのに専門家的な発言をしてしまうと、それはやっぱり実際のプロにとっても失礼ですし、何より言われた当事者が混乱してしまう。専門家に言われた気分になってしまうんだけど、そうじゃなくて本当は対等な「当事者仲間（ピア）」の関係で言われているわけです。そこがもつれると、危険なことになりそうで、ハラハラします。専門家と当事者が築く関係のように協働できるようになるどころではないでしょう。

対話はひらかれ、そしてケアが生まれる

もちろん、ナラティブセラピーを参考にした対話実践も、一流のセラピストと信頼関係を築くように、安心して進められる可能性もあるとは思います。でも、当事者同士であれば対等な立場のはずですから、セラピストがクライエントを一方的に導くように、どちらかがケアをする側に回ってばかりということは避けたい。非常に抑制的に、相手が言ったことを丁寧に返していく感じでやっていく、もちろん相手が傷つかないように注意しながら。そのようにして、ＯＤの本場で言われているように主宰側も参加者側も「共進化」するのが基本だと思います。

斎藤　自助グループでＯＤをやる場合にどういうことが大事なのか、私なりに考えることがあります。

最近、アディクションの学会でＯＤと依存症の自助グループというテーマで話す機会がありました。アノニマス系の自助グループの場合は、よく「言いっぱなし、聞きっぱなし」という言い方をします。つまりそこに参加している全員が自分の経験をただ話す、参加メンバーはひたすら耳を傾け、意見を言わない、アドバイスもしないということ。このスタイルが本来の自助グループでは一般的とされていて、ＯＤと比較したときに、これが一番違うところです。ＯＤの場合は、声に対して回答がないのはいちばん恐ろしいというバフチン（Mikhail Bakhtin）の言葉がよく引用されるように、「声を聞いたら応答する」というのが原則です。つまり、傾聴主義ではなく、応答の重要性が強調されます。これがAAなどとの違いのひとつです。

また、依存症の自助グループでは、毎回参加者全員に焦点が当たる機会がありますよね。しかし、元来のODや当事者研究では、原則として一回につき焦点はひとつという形のほうが進めやすい。つまり主役となるクライエントが中心にいて、その周りにクライエントの関係者や治療チームがある。そこで、自助グループでこうしたOD的な実践を再現するとなると、便宜上、当事者役の人や治療チーム的な人の役割まで決める必要がありつつも、そのときによって違った形をとることが多いと思います。自助グループの場合は焦点が複数あって良いと思いますが、医療現場でのODは基本的に焦点をひとつ作って、そのクライエントさんを中心に展開するような設定にしたほうが効果的に展開できるでしょう。

横道さんのミニ講義の中で言っていた「経験専門家」とは非常に良い言葉で、フィンランドではこうした人たち、つまり当事者たちが治療チームに参加する場面が増えてきています。いまのところ日本では、「ピア（当事者仲間）」というのがこれにあたると思いますが、ぜひ「経験専門家」という言葉で流行らせて、治療現場への参加を促進していってほしいですね。

私も自助グループで対話をしていく中で回復する人がいてもいいと思っています。

そうなったらそれこそ精神医療いらずになるので、素晴らしいことです。われわれ専門家がしている対話も、別にそれほど高度なことをしているとは思っていません。自著の中のマンガでも紹介しているように、統合失調症の人がたった八回の対話で回復する経験をしたとき、どうしてこれで回復するのかとむしろショックを受けてしまい、ほとんど狐につままれたような思いでした。それは、自分の三〇年の精神科医としての人生が引っくり返るような衝撃的経験でありながら、感動も覚えました。

植物的であること——両性、センシティブ

小川　横道さんに男女に共通して使われる両性具有的な名前についておうかがいします。『唯が行く！』の主人公、唯には複数の人格を兼ねそなえさせたといったお話もありましたが、男性性と女性性、あるいは男らしさと女らしさを両方持ちうる、そういう可能性を示しているのでしょうか。

横道　小川さんのお話で、ギリガンの主張のルーツがウルフだということを初めて知りました。私にとってウルフはとても重要な作家です。『みんな水の中』で性に関して書いたときも、自分にオーランドー[*6]をイメージしていました。私の名前

＊6　ヴァージニア・ウルフ作品に出てくる両性具有の人物。

の「マコト」が男女両性的な名前だということや、ジェンダーやセックスの問題に関する感じ方は、ウルフからの影響です。『唯が行く!』でも☆野さんという、初老で女性としての魅力が高いMtFトランスジェンダー（男の体で生まれた女の人）を登場させました。

『唯が行く!』の唯は複数の人格を併せもったキャラクターというよりは、多数の人格を混ぜ合わせて一体へと合金した女の子、そして私の分身です。私という男性の書き手が、女性を主人公とした一人称単数での語りに挑んだ、ということです。古くは紀貫之が『土佐日記』でやったように男性でありながら女性のフリをして書く（「男もすなる日記といふものを、女もしてみむとてするなり」）という発想に連なっているものです。橋本治の『桃尻娘』（橋本、二〇一〇）にも似ているかもしれません。『唯が行く!』の中には、紀貫之からの発想を得て、柿本人麻呂の和歌が出てくるマンガを描きました。

小川　ほかにも、横道さんの書かれたものから、連想される作品やキーワードがたくさんありました。それらについてお話を伺ってみたいと思います。

『みんな水の中』ではハン・ガンという、植物に関心のある作家が引用されていました。ハン・ガンは『菜食主義者』（きむ訳、二〇一一）という小説で、最終的に植物になりたいと願う主人公を描いたり、「エウロパ」（斎藤訳、二〇一九）で、女装する男性の話を描いています。

『唯が行く！』の無ウさんという登場人物は、作中で「オジギソウのように笑う」という描写があり、植物的な人と捉えることができるかもしれません。オジギソウはロマン主義時代にとても有名になった植物で「センシティブ・プラント」とも呼ばれています。また、無ウさんは吃音をもっていて、人を傷つけないように、つねに他人がどう感じるか想像しながら生きているハイパーセンシティブな人物――人が何かをするたびにそれを感受する能力を持っていると言えるでしょう。

ネガティブ・ケイパビリティという言葉を生み出したジョン・キーツもハイパーセンシティブな人だったと言われていて、ここにも連想が見え隠れするように思います。

これらについて、『みんな水の中』と『唯が行く！』を書かれるにあたり、横道さんの中で意識されていたつながりがあるのでしょうか。

横道　ハン・ガンには非常に共感するところがあって、私が勝手に精神的な双子と考えている作家です。私のことは、願わくば「日本のハン・ガン」と呼んでほしいくらいです（笑）。

私の中では、自分の書いた本にそれぞれイメージがあります。『みんな水の中』は「水の本」、『唯が行く！』は「植物の本」、『イスタンブールで青に溺れる』は

「空の本」です。ちなみに、『唯が行く！』のジャケットのイラストとデザインは、本のイメージに合わせて、植物を背景とした作品が多い惣田紗希さんに依頼しました。私にとって植物は中動態のシンボルであり、理想的な存在です。

小川さんの講義に、大島弓子さんの話も出てきましたね。中学生のころ、摂食障害をテーマにした彼女のマンガを読んで以来、私は彼女の作品の熱烈なファンです。『唯が行く！』の挿絵も、大島弓子の影響を受けているかもしれません。

無ウさんに関しては、私自身には「無ウさん的なもの」が少ないと感じていて、それを残念に思っています。彼のようなタイプの男性は、私にとって一種の理想です。唯の近くにいるもう一人の男性、レンツは私の分身なので、この三人の主要キャラで描かれる恋愛の展開は、自分の昔のことを思い出したり、いろんなことを考えて書きました。また、ミニ講義で小川さんからご指摘のあった通り、文学作品やフィクション、創作から実践的なものを生むことがあると私も考えています。

対人援助におけるケア・ムーブメント

斎藤　最近、ケアの倫理的な発想が対人援助業界に一気に勃興しつつあり、さまざまな方面から同時多発的にムーブメントが起こってきています。

まず一つ目に、高齢者のケアの世界で革命的な変化を呼び起こしつつある「ユマニチュード」が挙げられます。これは、やっていることは高齢者の尊厳を大事にしようということに尽きると思いますが、それだけで認知症の高齢者が会話できたり、歩行できたりといった変化が起こっていて、いま、非常に人気がある手法ですね。

二つ目に、依存症業界におけるハームリダクション。今までこの業界では、依存症者にとって断酒、断薬が唯一の正解のように示されていましたが、どうすれば生きのびられるかということに焦点化することで「やめなくたっていい、生き延びられればいい」という発想の転換が徐々に起こりつつあります。断酒、断薬の悪いところは、あまりにも厳しすぎてケアから脱落する人が増えることです。脱落してしまっては意味がないので、とりあえずやめなくてもいいから一緒にサバイバルしていこう、ということですね。具体的には、例えば、薬物依存の人に対してより害の少ない代替薬を与えることで死亡リスクを減らしていくということです。これは従来の依存症業界を覆すような、革命的変化と言えるでしょう。

三つ目に、ホームレス支援の業界におけるハウジングファースト。施設に入所させて段階的に生活訓練なんてかったるいことを言わず、いきなり住居を与えてしまおうという動きです。そうすることでホームレスの人たちの自立心が涵養《かんよう》されるという発想で、これも非常に重要なムーブメントでしょう。日本でも導入されようとしています。

こういった動きが同時多発的に起こってきたことには非常に大きな意味がありますし、私はこれらすべての背景に「ケアの倫理」という発想があると思っています。ユマニチュードやODに共通する倫理の特徴は、「倫理的であることが治療的である」という発想だと思います。「人間の尊厳、自由や権利を尊重していくことで結果的に回復が起こる」といった発想が根底にあって、メンタルヘルスを考えるときには、もうこれだけで充分なのかもしれません。逆に、今まで精神科の治療現場で行われてきた実践の根底には、例えば精神病の急性期などには、多少は自由や尊厳を犠牲にしてでも強制入院させて治療すべし、という考え方があったように、倫理よりも治療行為を優先させるという発想が当然でした。そういった発想から決別して、徹底して倫理性を追求したほうが回復が起こりやすくなるということが主張されている。これは非常に大きな価値転換になると考えています。

今起こっているケアのムーブメントについての説明をしたうえで、セラピーかケアかといった命題に対してはケアで充分だと思う、という答えを改めて表明します。別の言い方で、「キュア（治癒）からケアへ」という流れが、医療業界全体にあると言っていいと思います。治療主義からQOL（生活の質）全体を考えたケアの思想でやっていこうという発想が活発化しているし、まさにこの『唯が行く！』という本自体がケアの思想に貫かれていることを感じながら読ませてもらいました。

横道　医療の現場で、いわば「ケア論的展開」が起きているということを詳しく説明してくださり、感銘を受けました。「ケアで充分」、「生きのびられればいい」ということについて、非常に共感します。ケアが当事者の困りごとや疾患に対して包括的に作用する可能性は、私がODに惹かれた理由でもあります。また、ODでは治癒を副産物と考えますが、その重要性を改めて理解できました。ケアを重ねていった結果として、キュアと同じ効果が発生するかもしれないということですね。

敗北感を引き受ける――感情のケア

小川　『唯が行く！』のシーンでもう一ヵ所取り上げて、ぜひおふたりのご意見を聞いてみたいと思ったところがあります。それは、怒りの感情を覚えたときにどう対処するかという話題で意見交換をしている場面についてです。

怒りについて対話することってとても大事なことですよね。例えば、今、ウクライナで戦争が勃発しているように、あるいはSNS上の発言などにも見られますが、正義の名のもとに怒りをぶつけたり、言葉の上での――あるいは物理的な暴力で解決しようとする人が多いように思います。

作中では、怒りが自分の中に即時的に起こってしまったときのさまざまな方策が紹介されています。自らをなだめる呪文を唱えたり、一〇〇から七ずつ引いていったり、そうやって自分が置かれた状況を心の中で実況中継する、つまり自分の心を客観視して、抑えていくのでしょう。

ODの実践でも、おそらく誰かの発言に対して怒りを覚える人が現れる場面が出てくると思います。当然、セラピストも人間ですから、頭に血が上ることもあるでしょう。お二人に伺いたいのは、実際のODでも感情について語り合うことが奨励されているのでしょうかということです。だとしたら素晴らしいと思いました。

斎藤　怒りのような激しい感情を扱うことについてですね。例えば「統合失調症急性期の人が対話中に暴れたらどうするんですか」とよく聞かれることがありますが、そんなに簡単に暴れたりしませんから、そういう恐怖はあまり感じません。統合失調症において暴力は症状のひとつとされがちですが、あれは治療者側が「何かやったら入院させるぞ、保護室入れるぞ」といったような雰囲気を出しているから、その恐怖に対抗するためのコーピング・スタイルとして出てくるんです。つまり、「異常な状況に対するまっとうな反応」と考えられます。そのことが見過ごされていて、「統合失調症患者は動機がわからない暴れ方する」という誤解、偏見が専門家の間にすら蔓延しています。治療者の側が安心・安全な雰囲気を作れていれば、彼らはそうそう暴れたりはしません。そもそも最近は統合失調症が軽症化していて、本当にわけのわからないことしか言わないなどという人は、ほとんど見なくなりました。

　もちろん中には怒鳴ったり暴れそうになる人がいないわけではないですが、こちらはできるだけ穏やかに淡々と対応することにしています。対話中に立ちあがってこぶしを振りあげたり、物を投げそうになったりした人もいましたが、穏やかに、「対話が続けられなくなってしまうから、もう一回座って話しませんか」と言えば割とあっさり座ってくれるので、それほど困ったことはありません。アンガーマネジメントと呼ばれるような工夫はいろいろあると思いますが、私の場合は、極力シンプルな対応でもなんとかなっているということになると思います。

一番対話が困難になってくるのは、『唯が行く!』に出てくる紙ネン℃さんのような、とてもネガティブな思考をもった人でしょうか。私は自傷的自己愛と言っていて、常に自分を否定し、その否定する言葉に対してこちらから反論を述べようとすると怒り出すようなタイプの人ですね。例えば、「あなたにはこういういいところもあるよ」と言ったりすると、「そんなはずはない」「いい加減なことを言うな」と激怒する。この怒りは、自己愛がルーツだからこその感情ですね。「自分自身に下したジャッジメントは絶対で、いかなる異論も認めない」というような自己愛です。こういう人との対話は非常に難しいですね。なまじの激励や励ましはすべて却下されてしまうし、論理的に反証しても、相手の怒りの解消にはつながらない。本人自身が「面倒な人」という自覚がある分、かたくなになってしまいがちです。

ただ、この自己否定の根っこにあるものが自己愛だとわかっている場合は、対話に困ることはあまりありません。紙ネン℃さんのケースでもやっているように、

「今日は結論が出ませんでしたけど、また来ますよね」というふうに次につなげると、けっこうちゃんと来てくれます。*7 その人の自己否定の裏にある自己愛の気持ちをまずは理解してあげることが大事で、そのうえでバランスをとって付きあっていくようなことが多いですね。つまり説得はできませんけど、こういう方に対してもこちらの対応を緩やかに接していれば、いつかまた来てくれるんじゃないかと思って見送ることにしています。彼らも根底では、むしろ人並み以上に「つながり」を求めていますので。

もうひとつの方法としては、リフレクティングが挙げられると思います。紙ネン℃さんの当事者研究会のシーンを読んでいて、やっぱりダイレクトなアドバイスが多めではないかという印象がありました。みんなからたくさんアドバイスが出てきていますが、ODの場合われわれは通常あれをリフレクティングで行います。つまり、当事者を脇に置いて、当事者以外のみんなで当事者のことについて話し合うというスタイルです。また、できるだけ発言を短くすることがポイントです。あまり説得調になってしまわないよう、私はこんなふうにしていますとシンプルに一言ずつ述べていく感じですね。「こうしたほうがいい、なぜなら〜」という風には語りません。

あと、最終的な方法として、「talking up worries」（心配事を取りあげる）という

＊7 『唯が行く!』の作中で紙ネン℃さんが再度会合に現れることはないが、その後の展開に希望を匂わせる描写がある。

方法があります。この方法は、「こちらからいろいろ提案しても、あまりお気に召さないようで弱りましたね」「われわれの能力の限界ですね」といったことを言って嘆き、「どうすればいいか一緒に考えてもらえませんか」、あるいは、「この行き詰まった状況をどう打開できるか一緒に考えてみませんか」と持ちかけるやり方です。紙ネン℃さんの場合、「当事者対セラピスト集団」に似たような構図になってしまっているから、ここでセラピスト側に立っているチームの人たちが自分たちの「無力さ」をあえて引き受けるところがポイントです。こうすることで関係性がほぐれていく場合があります。いろいろ挙げましたが、少しでも参考になれば幸いです。

横道　ありがとうございます。「talking up worries」は知らなかったので、ぜひ活用してみます。無力さって大事なんですね。実践を経て、『唯が行く!』の続編『唯が跳ぶ!』（仮題）が刊行できればぜひ取り組んでみたいテーマです。

紙ネン℃さんは、私自身が主宰として体験した厄介な事例をいくつか掛けあわせて、私自身の自暴自棄になっているときの心境を混ぜながら造形したキャラクターです。このキャラクターを中心に会合が荒れるシーンは、作中でもひとつの盛りあがりを見せる場面で、読者からもよく一番インパクトがあったと言われます。お二人からも貴重な考えを伺うことができてとてもうれしく思います。

対話はひらかれ、そしてケアが生まれる

実際の自助グループでも、参加者同士が敵対的な構図になってしまうことがありますが、攻撃的な態度を取る人だって、誰かに助けてほしいから参加しています。そもそも自助グループというものは、日本ではほとんど認知されていなくて、たいていの人は参加してみようなんて思わない。追いつめられて、「ダメ元で」と考えながら、必死の思いで来ることがほとんどです。紙ネン℃さんが「結局は後日また参加してくれました」という展開にすると安易に思えたので、再登場はさせませんでしたが、おそらく彼はそのあともあっちこっちの自助グループに顔を出して、またトラブルを起こして、とやっていくうちに、少しずつ良い方向に進むのではないかという気がします。

また、現実の会合でもまわりからのアドバイスが多くなってしまうことがあります。私がそうしてしまったこともあるし、別の人がやっている会合で体験したこともあります。このシーンではその失敗感をリアルに描写しておきたかった。敵対的な主張をする人、攻撃的な態度を取る人がいると、主宰している側としては、どうしても助言や説得によって状況を改善しようとしがちなんですよね。作中ではそうすることで、紙ネン℃さんをますます刺激し、彼は怒りを増幅させて会合から途中退出し、残された人たちは敗北感に打ちひしがれる。私も実際に体験したことがある、思い返しても胸が苦しい場面です。

斎藤　対話で敗北感を持つことは全然悪いことじゃないんですよ。その敗北感を大事にしてほしい。われわれも「今日の対話が失敗だった」と感じることはしょっちゅうですが、その次の対話のときに状況が大きく進展していることもよくあります。

文学に覗き見る自閉症の感覚世界

小川　横道さんもさっき触れられたサヴァリーズの『嗅ぐ文学、動く言葉、感じる読書』には、私の大好きなメルヴィル（Herman Melville）の『白鯨』（八木訳、二〇〇四）がたくさん引用されている箇所があります。その章でクローズアップされる自閉症気味のティトという人物は、横道さんが『みんな水の中』で使われた比喩と同じように、水や海について言及するので、すごく近いものを感じました。自閉症とか発達障害を持つ人の感覚って言語化しにくいのでしょうけど、比喩を使って読者に伝えてくれている。これってすごくOD的なのではないかと思いました。

私は大学という組織に所属する人間として、十分社会に貢献していないと思うことがあります。もっと社会性を身につけなければいけない、もっと事務能力も身につけて、組織の役に立たなければ、そうでなければ生きている価値がないと

対話はひらかれ、そしてケアが生まれる

思って落ち込んでしまうのです。でも、『白鯨』を読むと元気づけられる。『白鯨』に登場するイシュメールは非常に想像力豊かな人物です。船から見張りの役割をしていても注意散漫で全然違う宇宙のことなどを考え始めてしまって、自分は立派な見張りができないと言う。以下はサヴァリーズのほうに引用されている（七四頁）記述です。「ぼくは社会にどんな貢献しているのか……身体的、神経学的な制約のせいである種の仕事はできない。けれども考えることはできる」。役に立てないけれど考えることはできるという部分が、非常にウルフの横臥者的な視点と近く感じられ、また、『みんな水の中』（四五頁）にも近い感覚があるように思います。

メルヴィルは、ニューロティピカル（神経学的な定型発達）な人を「陸地にいる」存在とし、対照的な人たちを白鯨という存在として際立たせています。現実としてそこにあり、触ってこれだと言えるようなものを規定できる、直立人的と言える人たちが前者だとすれば、そこから大海に投げ出されるような感覚を持つのが後者なのかもしれません。すなわち、感覚が言語化できないような人、あるいは言語内に収まりきらないような感覚を持ってしまう人たちが『白鯨』に共感するのかもしれません。海と陸の対比がとても文学的です。

横道さんは『みんな水の中』でその感覚について、「好んで海の中に身を置こうとする」と書かれています。水の中にたゆたって揺らいでいる、どこに行きつくわけでもない、碇も降ろさないし陸にもたどり着かないし、今どこにいるか不安もあって、水の中でふわふわしている。

このような感覚を肯定視することはできないかと考えたときに、もしかしたらODの中にその方向性があるのではないかと思いました。複数の人がかかわって意見交換することで、みんながそういった感覚があることを対話を通して共有できれば、抱えている敗北感が敗北感じゃなくなったり、人の役に立たない、効率よく動けないという思いをもっていても、考えること自体が良いことなんじゃないかという方向に導いていける。だとしたら、斎藤さんがおっしゃっているケアで充分というところにもつながっていくんじゃないでしょうか。

横道　ODは確かに「みんな水の中」と言えるかもしれませんね。自閉スペクトラム症があると、聴覚情報処理障害（APD）と呼ばれる、雑音に普通以上に揺さぶられる特性を持つことが多くあり、私にも、音は聞こえているけど、意味がわからないというときがよくあります。この状況になったとき、困惑する一方で、「水の中みたい」という感覚が不思議な安心感ももたらしてくれます。

私の『白鯨』読書体験は、少数派だと思いますが、鯨に関する長大な百科事典的記述に惹かれました。博物学的な知識の総覧が、視覚的な魅力にも富んでいて、

対話はひらかれ、そしてケアが生まれる

感動的でした。子ども時代の私の興味は、昆虫や恐竜や宇宙、思春期には歴史の研究者になりたかったのです。ああいう壮大なものに惹かれたのは、自分の自閉症的な本性への裏返しのような心理があったように思います。

自閉症の人は、いわゆる定型発達者に比べて視野や関心が制限されやすく、濃淡の強い世界観に引きよせられてしまうので、細かいことに敏感な反面、定型発達者が気づけるさりげない気遣いが不得意です。私は自分のそういった部分にいつも劣等感を抱いていて、自分を変えたいという思いから、「広く、深く、大きく」という欲求が強かったんです。しかし、そういった箇所を除いても、『白鯨』の海の話は魅力的な記述がたくさんありました。海、水、空。自然マニアが多い自閉症者好みと言えそうです。

私が、なぜいつも「みんな水の中」と感じるかという問題に関しては、いろいろな理由がありますが、単純に青いものにすぐ反応してしまうということがひとつありますね。外を歩いていても、しょっちゅう空を見ながら歩いています。『イスタンブールで青に溺れる』を脱稿してから、「いつも空を見ているから、その青のイメージもあって水中世界にいると感じるのか！」とようやく思いいたって、自分でも驚きました。

村中直人さんが『ニューロダイバーシティの教科書』（村中、二〇二〇）で、ＡＳ

D者はヒトを特別扱いせず、同族と視線を合わせることが苦手な一方、モノに視線を持っていかれる傾向があるということについて書いています。私も、青いものというほかに、やはりヒトよりモノに眼がいってしまう傾向がありますね。だからサヴァリーズの本で『白鯨』を読むティトのことはよくわかります。

これは、私がハイデガーに惹かれる理由とも関係がありそうです。ハイデガーは、死が物事の存在を開示してくれるから、そのことに目覚めようなどといったことは一所懸命に語る一方で、人間社会に関する実質的な議論をほとんど等閑視しています。良いこととは思いませんが、私の自閉症的世界観に近いと感じます。

ところで、再び『唯が行く』に戻りますが、唯は、両親が双極症だということから、自身の発症について不安を抱いていますが、じつはハイデガーも双極症の診断を受けていたそうです。ADHDと双極症は相関性が高いと言われていて、私の身近にいるADHD者も双極症を診断されている人が多い。唯が双極症にならないかと不安に思っているのは、ADHDも診断されている私自身の不安を反映しています。

ハイデガーは人間よりも自然の美しさや詩、建築、絵画などの素晴らしさ、存在の本性とは何かといったことを論じることを好みましたが、政治的にはナチスに加担してしまった大失敗の人です。でもこのことについて、個人的に疑問を感

対話はひらかれ、そしてケアが生まれる

じることはありません。現代でも、発達障害があると考え方が極端になってしまうことが多いんです。感じ方のメリハリが定型発達者に比べてしっかりしているので私はハイデガーにはＡＳＤの傾向もあったと思っています。

小川　ウルフも双極症でした。どこか響きあうところがあるように感じられますね。

横道　実は双極症も、脳の多様性（ニューロダイバーシティ）に含まれるとする議論もあります。双極症の躁うつって、かなり発達障害の感情世界に近いですし、なかなか治りませんからね。医学的なエビデンスとは異質な言説ではありますが、坂口恭平さんは自分のことを「躁うつ人」と言っていて、つまり双極症は病気ではなくて、ほとんど生まれつきの体質だと書いています。

斎藤　いまアメリカでは双極症がバブルと言っていいくらい大流行していて、子ども時代に診断されて、いきなり薬を飲まされてしまうようなことがあるようです。アメリカは製薬会社の疾病喧伝の影響もあって、ＡＤＨＤと双極症バブルの状態で、日本ではＡＳＤバブルということですね。日本でもこの流行の影響を受けてか、双極症の診断書や紹介状を持ってくる人も増えてきていますけど、かなり誤診が混ざっているので気を付けたほうが良いと思います。一回でも軽躁的なエピソードがあるとすぐ双極症と診断されるようなことがあるので、少し割り引いて考えることも必要です。ASDもADHDも、いま社会的に流行っているということを踏まえて考える必要があるでしょう。

サヴァリーズについては私も読みましたよ。特に今まである意味、神格化されていたテンプル・グランディン[*8]（Temple Grandin）のケースが詳しく書かれていて、非常におもしろかった。

ただ、私は個人的にはサヴァリーズの本よりも横道さんの本のほうが進んでいると思っています。サヴァリーズの本には、どこかまだ観察者の視点があって、誤解にまみれた発達障害の概念を正してやるみたいな使命感が見え隠れしている。それに比べると、横道さんの本はあくまで当事者の立場から語っていることを崩していない作品であって、「当事者批評」と私が勝手に呼びましたが、病跡学[*9]に対するアンチでもあり批評でもあるという点からも素晴らしいと思います。

もし横道さんにその気があれば、ぜひ私が編集長をしている『病跡学会誌』にご執筆いただきたい。先ほどのハイデガーに関するお話も病跡学的に非常におもしろいし、おそらくハイデガーについて病跡学で書いた人は今まで誰もいないと思います。これは本当に革命的な視点の転換だと思いますから、ぜひ展開していただきたいです。

例えば日本の文学では、村田沙耶香さんが自閉症的な世界観を全面展開してい

＊8
アメリカの著名な動物学者で、自閉スペクトラム症の当事者。

＊9
歴史的に傑出した人物の生涯を精神医学および心理学的観点から研究分析し、その活動における疾病の意義を明らかにしようとする学問。

ますから、これも病跡学のテーマとしていかがでしょうか。私は『消滅世界』(村田、二〇一五)の文庫版で解説を書いた際に、一応、専門家目線として、自閉症的な世界という切り口から書きましたけれど、いまいち切れ味が弱いというか、もっと内在的に読めるはずだと思いました。そのあたりを展開していただけると、おもしろいテーマじゃないかと思います。

双方向の変化──多孔性、明け透き、歓待性

斎藤　ケアに関して小川さんは「多孔性」[*10]という概念を書いておられる。横道さんはハイデガーの「明け透き」[*11]をアーレント(Hannah Arendt)のコミュニケーション論の源泉と考えられると、書いておられる。これらが双方向的につながるように思いました。また、國分功一郎さんが寛容性と対比して論じている「歓待性の論理」ともつながるかもしれません。これはつまり、寛容という概念が受け入れる側が寛大に受容してあげるという優位性に立った概念であるのに対して、歓待というのはコミュニケーションを試みた結果、双方向に変化が起こる関係性であるとされています。

まさにこの双方向性の変化という点は、対話の原理でもあり、両者のあいだで

＊10
脆弱で外界の影響を受けやすいが、他者に開かれた存在であること。小川氏は『ケアの倫理とエンパワメント』の中で、ウルフなどを読み解く際の鍵概念として紹介した。

＊11
存在するものが存在していると自覚する場を表現するのに、ハイデガーが使った言葉。横道氏は『唯が行く!』の中で、ODの場にいる人たちの煌めきを説明するために、双方向的な「明け透き」という言葉を使った。

行われたものが対話であったかどうかは、お互いに変化が起きているかどうかで検証できるとも言えます。通常の治療モデルでは、治療者側は変化しないまま患者さんだけが良くなっていく一方向の変化を期待するわけですが、対話はどうしても双方向性に変化が起こってしまう。こうしたことが、小川さんがおっしゃる多孔性、横道さんのおっしゃる「明け透き」の理論に通ずるのではないでしょうか。これらの語彙が入ってくるとケアの倫理はますます豊かになっていくように思いました。

小川　斎藤さんが先ほどおっしゃってくださった依存症のハームリダクションの話には非常に興味があります。最近Netflixではまっている「フィール・グッド」というレズビアンカップルのドラマがあって、斎藤さんがおっしゃったことを、ドラマの中で実験しているようなところがあると思います。主人公のメイは幼児期のトラウマから脱するために依存症になってしまう。彼女が好きになったレズビアンのガールフレンドとは、ふたりの多孔的な関係があって、双方向に支え合っています。自立も促しながらお互いに必要なときにケアを提供し合う関係を築いていく物語なんです。ドラマの中で依存症のテーマは重いけれど、現代社会を生きる誰しもが依存症になりうると思わせるような普遍的なテーマが描かれている。お酒が飲めない私でも、コロナ禍で外出もできず、どこに発散させたらいいかわからないストレスのようなものを感じています。生活の中で互いに多孔的な自己を開拓してケアし合っていくようなあり方が示されていて、とてもいい考えだと思ったので紹介しておきます。

最後にもうひとつだけ、多孔的な自己というテーマとつながりうる話をおふたりにご紹介します。何十年もエコロジカルな主体について語っているティモシー・モートン（Timothy Morton）がドミニク・ボイヤー（Dominic Boyer）との共著で二〇二一年に出版した『Hyposubjects』という本があります。まだ翻訳は出ていませんが、画期的な内容です。先ほどフィンランドのヤーコ・セイックラさんの書かれたものが共著ばかりというお話がありましたが、やっぱりある種の「多孔的な自己」を持った人の特徴として、単著ではなく共著という方法を選ぶのではないかと思って気になりました。モートンは単著でも何冊も書いていますが、この本の中で、あえて主語を共有した書き方をしています。つまり、〈I〉はモートンでありまたボイヤーであり、つまり共有される主体なのです。『Hyposubjects』のテーマは多孔的でかつエコロジカルな自己です。原発でもない、プラスチックでもない、より生態系に配慮した、脆弱な生命について考える、世界を切りひらいていくような主体をめぐる話です。今日のODの話と、もしかしたらつながってくるように思ったのでご紹介しました。

横道　病跡学についての斎藤さんとの共著論文、非常に楽しみにしています。斎藤さんがおっしゃっていたODの変化の双方向性ということは非常に大事ですね。リーダーシップをとる人が誰かを治すのではなく、みんなで変わっていくということですね。さっきも話題にした「共進化」です。私は大学教員として学生を一方向的に指導する立場にあることが多いことについて、ずっと前からいびつな関係だと感じていて、悶々としてきました。

自分が博士課程の大学院生だったときに、法制史が専門の西村稔という先生のゼミに毎回参加していました。その先生は数年前に亡くなったんですが、自分のゼミを「めだかの学校」とおっしゃっていたことをときどき思い出します。「♪だれが生徒か、先生か」という歌詞から取ったんですね。よく、「君たち教え子から、私のほうが教えてもらっているんだ」と言っていて、この人は尊敬できるなと思っていました。

小川さんのおっしゃった多孔的な自己と共著の関係ですが、私に「多孔的な自己」への素質があるかどうかまったく疑問がないわけでもないのですが、そのようにありたいと願っているのは確かです。『みんな水の中』が、自分だけに焦点を絞って深掘りする本だったので、『唯が行く！』で、自分が出会ってきた当事者たちとの経験を取りこんでいく本を作ったのもその表れだと思います。『イスタンブールで青に溺れる』は、また私自身を深掘りしなおして、旅行記を書き、けれども、そのつぎに予定している本は『発達界隈通信』といって、発達障害の仲間たちへのインタビュー集を書く。自閉症があると、どうしても関心が自分のことに集中しがちなので、定期的に他者に開かれた本も作っていきたいです。そういうふうにして、自分を開いて、多孔的にしていきたいという願いが、対話実践をやる動機にもつながっているのでしょう。

＊

横道　今回の鼎談は、対話ではあるんですが、話す順番を決めて、なるべく均等に回していくというスタイルになりましたね。ＯＤとは別物ですが、個人的にはポリフォニーを感じて興奮しました。自分の考えをしっかりと長く述べつつも、それぞれの語りがほかのふたりに開かれていて、なんだか渦を巻いていくかのように、三人で大きな綿菓子を作っている気分になりました。

私たちはこの場で、三人とも「多孔的な自己」だったと思います。変化が双方向的――いや、双方向は「二」だから、変化の「三方向的」な現象が起こったのではないかな。この「共進化」の雰囲気が、読者の皆さんにも伝わっていくと非

対話はひらかれ、そしてケアが生まれる

常にうれしい。

文献

ハン・ガン［きむふな＝訳］（二〇一一）『菜食主義者』cuon

ハン・ガン［斎藤真理子＝訳］（二〇一九）「エウロパ」『回復する人間』白水社

橋本治（二〇一〇）『桃尻娘』ポプラ社

ハーマン・メルヴィル［八木敏雄＝訳］（二〇〇四）『白鯨（上・中・下）』岩波書店

村中直人（二〇二〇）『ニューロダイバーシティの教科書』金子書房

村田沙耶香（二〇一五）『消滅世界』河出書房新社

ケアする読書会

横道誠×斎藤環×小川公代

横道誠氏の『唯が行く！――当事者研究とオープンダイアローグ奮闘記』（金剛出版、二〇二二）の刊行を記念した鼎談（※本書、第1章収載）ののち、同三氏には各々の新刊書を携えつつ、再び一堂に会していただいた。

小川公代＝著『ケアする惑星』講談社、二〇二三年
斎藤環＝著『「自傷的自己愛」の精神分析』ＫＡＤＯＫＡＷＡ、二〇二二年
斎藤環＝著『１００分de名著　中井久夫スペシャル』ＮＨＫ出版、二〇二二年
横道誠＝著『ひとつにならない――発達障害者がセックスについて語ること』イースト・プレス、二〇二三年

当事者研究とオープンダイアローグ

横道　前回の鼎談であまり話題にできなかった当事者研究について、まずはお二人からお考えを伺いたいと思っています。

当事者研究の方法には、認知行動療法や、あるいは発祥地である浦河べてるの家が参考にした企業での「一人一研究」の伝統などが流れこんでいます。私としては、ナラティブセラピーで始まった「問題の外在化」を継承していることが特に重要と思っています。心から問題を切りわけて、仲間と客観的に共同研究していく技法です。

最近、村澤真保呂さんと村澤和多里さんが書いた『中井久夫との対話』(二〇一八)を読んだのですが、中井さんが、心というものを人間の体の内部にあるという伝統的イメージとは別様に理解していることに感服しました。中井先生は、心がその人を取りまく無数の人や物との交流のあいだで息づいていて、そういう生命現象として心があると考えていたようです。私はこれが当事者研究の発想と近しいところがあると思いました。心の問題を環境との関係性で理解しなおして、その上で個人から分離して共同研究のテーマにしていく。心というものの共同性ということが重要ということです。この点でも、中井さんは非常に先駆的だったんですね。

私は今、自助グループを九種類やっていて、そのうち二種類は京都でリアルで開催、七種類はオンラインで開催しています。なかでも一種類だけがオープンダイアローグ（ＯＤ）的な対話実践、残りの八種類では当事者研究をやっています。割合として当事者研究が多い理由は明確で、私自身が当事者研究を得意だと感じているからです。自閉スペクトラム症（ＡＳＤ）があると、物事を徹底的に探求することが向いているので、様式が合っているのですね。それに、大学でもゼミ運営の経験がありますから、その経験値を流用できます。当事者研究の司会者として、私はもう名人の域に達していると自負しています。

ところが、ＯＤ的な対話実践となると、私には不得手な面があります。まずスタッフが私ひとりでは成りたたない。自助グループ的な枠組みでやっているわけですから、医療行為としての本来のＯＤとは別物だと考えていますが、少なくともスタッフを集めて、打ち合わせをしたりして安心・安全な場を設営していく必要があり、ＡＳＤがある私にはこのような協働作業がかなり難しく感じます。感じ方や考え方が、発達障害のない定型発達者とはかなり異なっているので、コミュニケーションもうまくいかない。やっていて、きついと感じることが多いです。

では、なぜそんなに合わないと感じるOD的な対話実践を続けているかというと、ポリフォニー（多声性）の発生する時空が感動的だからです。当事者研究の場合だと、問題を深掘りしていくことで、「ここまでいけるのか」、「新しい世界が見えてきた」という感動がありますが、ODでは、それとはまた違った世界の見え方の変化が起こります。いろんな声が交じり合わずにばらばらなのに併存し、それが星々のようにきらめきを放っていると感じられて、私はそれに嗜癖的な快感を得て惹かれているのです。酩酊感とでも言える感覚があって、それを求めてやっているところがある。ちょっとおかしな言い方かもしれませんけど、私の実感としてそういう具合なので、『唯が行く！』（横道、二〇二二）でもOD的な対話実践を初めて経験した唯が、不思議な空間を感じる様子を描きました。

斎藤　当事者研究とODは共通点が随分あります。先ほど横道さんが外在化の話をされましたけど、ODの中で外在化の一つの契機となるのがいわゆるリフレクティングというものです。リフレクティングの形式で自分の問題を目の前で展開されると、一歩引いたところから眺めるような形になるので、冷静に余裕を持って判断ができます。リフレクティングはODの一つのコアをなす手法であるように思います。

最近、矢原隆行さんが出された『トム・アンデルセン——会話哲学の軌跡』（矢原・アンデルセン、二〇二二）という本があって、アンデルセン（Tom Andersen）の主要な論文の翻訳に矢原さんの解説が加わる内容なのですが、アンデルセン自身の単著『リフレクティング・プロセス』（鈴木訳、二〇一五）よりもリフレクティングの実践がよく伝わる内容になっています。研修にも使われる予定ですし、今、ＯＤに関心のある人には必読書と言えるでしょう。対話実践のエッセンスのかなりの部分はリフレクティング・プロセスにあると言ってもよい。ヤーコ・セイックラ（Jaakko Seikkula）はアンデルセンの親友でしたから、彼の発言のかなりの部分がアンデルセンの引用だったり孫引きみたいなところがあります。そのリフレクティングの機能の一つが外在化であり、もう一つはまさに今、横道さんがおっしゃったポリフォニーです。

リフレクティングについて、非常に簡単に説明すると、クライエントの前でクライエントの噂話をしてみせるような対話のスタイルのことです。具体的には、患者や家族の目の前で、治療チームのスタッフ同士が、ちょうど患者との間に透明な壁があるような体《てい》で、患者について対話したり、治療のアイディアを述べ合ったりします。このやりとりを患者は聞いても良いし、聞かなくてもいいのですが、皆さん熱心に耳を傾けてくれます。もちろんそこには、あまりネガティブなことを言わないとか、一定のマナーがありますけど、意見の対立はあっても構いません。いろんな人が違う意見をばらばらに言って、まとめる必要はないのです。異なった意見の共存という意味で、まさにポリフォニーですね。

対話の余白《スペース》、物語のほつれ目

斎藤　なぜポリフォニーがよいのか。ポリフォニーは隙間、余白《スペース》が多いのです。ポリフォニーの対義語にあたるのがハーモニーと言われます。ハーモニーの場合は、一つの調和した意見が全体を支配するという状況で、一見すごく満足度が高いように見えますけど、実際には余白がなく、個々人の意見も微妙に抑圧されてしまっていることが多いと思います。「本当はちょっと違う気もするけど、一体感の気持ちよさに水を差すのもなんだから」みたいな妥協、譲歩があり得るでしょう。ポリフォニーのほうがはるかに隙間が多くて、その隙間において当事者は自分の主体性や自発性を回復するとされています。しかし、難しいのは、われわれ日本人――とあえて言いますけれども――の臨床家がODをやると、どうしてもハーモニー志向になってしまい、ついつい先に発言した人の意見に同調してしまう。「そうですね」とか、つい言ってしまって、その後、反対意見が言いにくくなります。この言い回しを「なるほど」とか「わかります」とか、少し変えていかないとポリフォニックな実践は難しいと思います。ただ、幸いなことに、それでも何とかクライエントさんのほうが勝手に良い変化を起こしてくれるので、随分助けられているところもあると思います。

このように、ポリフォニーは非常に有益なものだと思いますが、ODを実践すると必ずしもすっきりしない面もあります。終わったときに、「今日もうまくいった」という手ごたえがあるとは限らず、「なんだか全然まとまらなかった」という嫌な後味が残ることがしばしばです。以前はこの感覚が失敗だと思っていたのですが、実はそうでもないということが最近徐々に分かってきました。その後味の悪さ自体にも何か変化のモーメント、あるいはドライブがあるのではないかと考えるようになりました。ODのミーティングとミーティングの合間で何か重要な変化が起こっている。対話と対話の間にインキュベーター（孵化器）みたいなものがあって、そこで変化がゆっくりと熟成されてくるから、二〜三週間空けて会うとがらりと状況が変わっているようなことがよくあります。そのため、最近はあまり、後味の良い・悪いは気にしないようにしています。もっと言えば、「いい対話をしてその場で変化を起こしてやろう」などと考えると全然駄目なんです。むしろ、「なんとなくもやもやが残るけど、まぁいいや」といった感じの実践が増えてきました。

対話実践で大事なこととして、どんなペースで、どんなルートで、どんなきっかけで変化していくのかは、クライエントに任せるということが挙げられます。あまりこちらから説得したり、指示的なことを言わないようにするほうがうまくいくんです。実はこれが非常に難しくて、やはり、われわれの専門性が邪魔になってしまうんですね。専門家としてアドバイスしたいという欲望がなかなか抑えられない。クライエントの側も、まだODを始めたばかりの人などは不慣れですから、こちらにいろいろ質問してきて、それに対してその都度答えたくなってしまいます。そこをぐっとこらえて「それは後ほどリフレクティングで」と待ってもらうことが大事だけれど、そうできずについアドバイスする方向に流れてしまうと問題があるのです。何とかぐっとこらえて、リフレクティングの場でアイディア出しをすることができればよいと思います。

小川　当事者研究に関して、最近、私が書評した、岩川ありささんの『物語とトラウマ』（二〇二二）という研究書から紹介したい内容があります。先ほど、斎藤先生がおっしゃったように、ハーモニーではなくポリフォニーに気持ち良くなる感覚というのは言葉のレベルでもあると思わせてくれます。

岩川さんがされていることは当事者批評でしかも文学批評なので、物語単位のポリフォニーと言えるように思います。この本の中で私が注目したのは、支配的な枠組みを解きほぐすものとしての物語という可能性を見いだせるのではないかという提言です。斎藤先生も物語単位の分析をたくさんされているので、もう既にポリフォニーの感覚が物語につながっていると思いますが、岩川さんの場合はトランスジェンダーとしての生きづらさというものを、大江健三郎の『美しいアナベル・リイ』（二〇一〇）や、多和田葉子さんの作品などに見いだし、当事者批評を実践しておられる。そして、中でも、「いかなる物語にもほつれ目を見つけ得ること」という言葉が、先ほど斎藤先生がおっしゃっていた対話の余白というお話と非常に似ていると感じました。ほつれ目は視覚的に捉えられるものではないけれど、言葉で聞いたときに何となく分かる気がします。例えば、多和田葉子さんの『容疑者の夜行列車』（二〇〇二）という短編集の中に衝撃的な場面があります。女性が夜行列車に乗っていると突然外に落ちてしまい、助けてくれた男性の家に行くと、いきなり体を洗うように言われ、女性がお風呂場に入ると、男性の体に変わっている――最後には夢だったという物語です。そういう物語から彼女はエンパワメントを得ている。なぜなら、男性は支配的な立場に立ってその体を洗う女性をまなざしているんですよ。だから、すごく支配的な物語という枠組みがありますが、そこには体が変容するということを目撃する男性がいる。つまり、ある種のほつれ目というものは、「でもあなたそれ目撃したでしょう」といったような救いがあるのです。

　当事者批評ってとても面白いですよね。最近、岩川さんの研究には大きな刺激をもらっています。それから、大江健三郎にはそういうイメージを持っていなかったので驚きました。『美しいアナベル・リイ』をあらためて読むと、幼い頃に性被害に遭って生き延びた女優サクラの物語が埋め込まれています。岩川さんの場合、性暴力被害を受けたサバイバーであり、トラウマと共に生きるトランス女性の当事者批評であると銘打って書かれた本です。

　トランスジェンダーであり、性被害を受けた当事者の立場から批評するとはどういうことか。どこがポリフォニックかというと、支配的な物語と思われがちなものを取り上げていても、彼女はそこに注目したのではなく別の視点で注目しています。その新たなクリエイティブな解釈によってポリフォニーが生まれ、批評が生み出されていく。つまり物語の中に家父長的なものが埋め込まれていたとしても、批評する側はそれを全く別のものとして捉えて批評する、作り変えていくことができる。そうしたプロセスとしての文学批評であることが、当事者研究と文学をつなげるものではないかと思いました。私にとって刺激的で貴重な光景です。

横道　斎藤さんのおっしゃる、ＯＤでどうしてもハーモニーが発生しやすいということ、よくわかります。私たちがやっている自助グループ用にアレンジしたODでも同様です。慣れていないと「マコトさんに同意見で……」と語りだすスタッフもいます。リーダーである私の発言力がふだんから大きくなりやすいからです。私のことを慕って集まってくれたメンバーたちだからという面もありますから、スタッフミーティングのときに「○○さんに賛成です」方式の発言はできるだけやめよう、同じような意見でも、その人自身が持つ独自の角度から声を出していこう、と提案しています。

ミーティングとミーティングのあいだにインキュベーターがあるという斎藤さんのご指摘は、文学的なイメージを喚起する力もあり、ぐっと来ます。「原則として当事者に委ねる」という態度は、人間関係でどんなときにも大事なことだと思いますけど、それはケアの場でもそうですよね。そういう場で治癒が起こるならば、基本的にはその人の回復力だとか、その人の体験世界の自然な変化などに任せるしかなくて、そうしなかったら、かえっておかしな方向に向かってしまう。人間は、誰であれその人が変わっていけるタイミングでしか変わっていかない。

斎藤　ありがとうございます。ところで、横道さんがODに嗜癖的な快感を感じているという点について、もう少し詳しく聞かせてくれませんか。

横道　私がODに嗜癖的な気持ち良さを感じているというのは、発達障害があると依存症に罹りやすいということに関係がありそうですね。ふつうの人よりも不安定な日常にさらされているから、それを解消する嗜癖に頼る。脳の報酬系が弱くて、快感を得にくいから、嗜好品を過剰に摂取したり、大きな快楽をともなう行為に耽って、依存症になったりしてしまう。

ＡＳＤ者は、定型発達者たちになかなか同調しにくい。「自分は自分だから」と自律的に生きていこうとする場面が平均的な人よりも多く、それによっていじめに遭ったり、仲間外れになったりして、トラウマも背負いこみやすい。周囲に同調しづらい人生は、やはり苦痛になってきます。ところが、ＯＤでは互いに同調しない幸福な空間がある。これってハーモニーを要求される日常、特に「和をもって尊しとなす」の日本では、なかなか体験できません。こんなにすばらしい理想的な空間が一時的にでも実現するんだという感激が、自助グループの主宰として、ＯＤ的な対話実践をやっていくことの最大のモチベーションになっています。

だから嗜癖的と言うと言葉がちょっと強いかもしれませんけど、のめりこんでしまうというか、病みつきになっているのは確かです。ただ一方で、たいていの人とのコミュニケーションに困難を感じるという問題はなくならないので、いつもたいへんな緊張を強いられていて、開催するたびに疲労困憊しています。当事者研究ではすいすいと司会できて、あまり疲れることはありません。

専門家としてアドバイスしたい欲望も、よくわかります。私は医療とか福祉の専門家ではないですけど、経験専門家にあたる当事者ですから、自分の経験に照らして「こう考えてみてもいいんじゃない」とか「こういうふうなやり方もあるよ」とか言ってしまうことがあるんです。だから、実際に対話実践をやってみると、相談者側にマッチしないことが多くて、しばしばスルーされる。言葉が汚いので『唯が行く！』の中では書かなかったのですが、対話実践をやっている人たちのあいだでは、助言はよく「クソバイス」と呼ばれています。「あなたが気楽に助言していることは、私はとっくにいろいろ試したあとですよ、そのアドバイスはクソみたいなものなんですよ」ということですね。

文学のポリフォニー
――カムフラージュ、Xジェンダー、自信のない男たち

横道　小川さんがおっしゃっていたように、支配的な枠組みを解きほぐすものとしての批評の可能性があるということは、私も非常に共鳴する問題意識です。与えられた物語を読み手側がポリフォニックにしていく可能性が大いにあると思っ

ています。私は今、グリム兄弟に関する研究書と村上春樹に関する研究書を執筆していて、これらの本を書いている目的としては、読んだ人にポリフォニックな空間を感じてほしいのです。いろいろな声が併存していて、それを浴びることで、これまでになかった方向に思考を広げてもらうことをめざしています。〇〇はこうなんだと断定的に論じて納得してもらって、場合によっては深い共感を得る、というような論述に、私はあまり興味を持てないのです。多くの文学研究者や批評家とはベクトルが違う点だと感じています。

大江健三郎に関して、私は自閉症的な特性が強い作家だと思っています。ASD者って、定型発達者から見たらバランスがめちゃくちゃで、賢いのか愚かなのか分からないような印象を与えると思います。あの奇特な文体も、執拗に同じモチーフが繰り返されるのも、自閉的に感じます。

大江さんは、三島由紀夫とはまた違った仕方で、ホモセクシュアルの問題を取りあげることが多い作家でもありましたね、肛門、アナルセックスへの興味とか、そういうものがよく文学的モチーフになっていました。ノーベル賞を取った前後の大作、『燃えあがる緑の木』(大江、一九九七―一九九八)では、物語の語り手に性転換が起こり、身体が男性から女性へと変貌して、英雄的な人物とセックスをして、懐妊もする。私は十代の頃、この作品にすごく入れこんでいて、大江の気持ちがすごくわかると感じていましたね。大江健三郎というと、文体が晦渋で読みづらく、退屈で嫌いだという声もよく聞かれますが、私にとっては最大限に読みやすく、最大限に親近感を感じさせてくれる作家です。

小川　いまの横道さんのお話は、新刊の『ひとつにならない――発達障害者がセックスについて語ること』（横道、二〇二三）の中でも出てきますよね。発達界隈では自分のことをXジェンダー[*1]やノンバイナリー[*2]だという人がいて、ノンバイナリー的な感覚がトランスジェンダーの感覚とつながる部分があるんじゃないかという話です。このあたり、あまり具体的には書かれていなかったので、大江健三郎の感覚がすっと入ってくるということについて気になりました。

横道　大江健三郎の作品って、うっとうしいしゃべり方をする登場人物がたくさん出てきますよね。描かれる男たちは、一所懸命に男らしくなろうとあがいた大江自身や、周囲の仲間たちの分身なんじゃないかな。

「擬態」と呼ばれる発達障害者が定型発達を装う現象があります。英語圏の自閉症研究でも同じことがよく研究されるようになっていて、「カムフラージュ」（偽装）と呼ばれています。例えば私の場合、「自閉症者っていうけど、普通にしゃべれるじゃないか」と疑念を示されたりすることがあるんですけど、それはふつうの人のふりをするために、AIが人間の自然な挙動を学習するのと同じようにし

＊1
性自認が、男性にも女性にもはっきりとあてはまらないこと。

＊2
自身の性自認・性表現に男性／女性といった枠組みをあてはめようとしないこと。

て、自分に取りこんでいる結果なんです。「定型発達者ぶりっこ」をしているわけですね。定型発達者が互いに観察し合い、模倣しながら成長していくのとは別の現象だと思います。発達障害者ももちろん模倣による自己教育はするけれど、それとは別の位相に擬態が、つまり「ふつうの人のふり」がある。その擬態の不自然さを連想させる、ヘンテコ人間たちの印象が、大江の作品に表現されていると私は見ています。

小川　斎藤さんの『「自傷的自己愛」の精神分析』（斎藤、二〇二二）の中で、自信のない人たちに関する考察がとても面白いんです。村上春樹や太宰治を例に挙げられていて、自信がないほうが書けることがあるということを指摘しています――唯一、石原慎太郎は当てはまらないとされている点も面白かったんですが。原稿執筆について、次に依頼が来なくなると困るという恐怖心が書かせるんだという斎藤さんご自身の「自信のなさ」を引き合いに出して説明されています。大江健三郎の作品の中にも、自信のない男性が多いですよね。

斎藤　私は大江さんもある種の自信のなさ、寄る辺なさをドライブとして書かれる人ではないかと疑っています。私もあの文体が非常に好きですが、そこにある種の「愚鈍さ」を感じることがあります。もちろん知能の話ではなくて――間違いなく知能はものすごく高いでしょう――蓮實重彦が示した愚鈍さと凡庸さの対比で言うところの愚鈍さなんですよ。つまり、ここで言う「愚かさ」というのは「天才ゆえのバランスの悪さ」という意味です。大江さんは、やっぱり、書くべきものがたまりにたまって一気に書くようなタイプではなく、絞り出すように書いてるんじゃないかな。特に、タイトルなどにブレイク（William Blake）の詩から引用したりしているところを見ると、そういう傾向が強いように思います。

小説家では、私が生前、唯一接点があったのは石原慎太郎さんですが、彼は精神医学で言うところの典型的な「中心気質」者で、発達障害的な要素がほとんどありませんね。作家としては非常に幸福な方で、彼の創作過程を直接聞いた限りでは、ほとんど懊悩や逡巡のあとがみえません。書きたいことがたまってきたから出す、という感じで、ごく短期間で作品を書いてしまう。それで結構な傑作――私の評価ですが――が書けてしまうのですから、いろいろな意味で例外的な存在だったと思います。ちなみに世間ではあたかも傲岸不遜の典型みたいに思われているわけですが、私に言わせれば石原氏は気遣いと含羞の人、という印象でした。少なくともドナルド・トランプ的な自己愛の対極にあった人です。ただ作品は「ケアの倫理」とはかなり距離があったとは思います。

村上春樹さんは、井戸掘りをして一所懸命書いて、それを楽しみながら時間をかけて推敲して何年かに一回長編小説を発表し、それがみんなベストセラーになるわけですから、けっこう幸せな作家人生じゃないかと思います。書く苦しみがないとは思いませんが、ある種の必然性に導かれて書いているという印象はずっとありますね。それがユング＝河合隼雄的な深層意識なのかどうかはわかりませんが。少なくとも作家としての自信みたいな発想とは無関係なところで書かれるタイプなのかなと思ったりもします。自信のなさに背中を焼かれる思いで書いている私からするとうらやましい限りです。

他者との交わり

横道　ルイス・キャロル（Lewis Carroll）は、最近の研究によると、ASDの傾向があったと言われているそうですね。そのことに関して、小川さんの新刊、『ケアする惑星』（小川、二〇二三）の刊行前後のX（旧ツイッター）での投稿で、私の名前がいきなり出てきてびっくりしました（笑）。「横道誠さんのご著書を読んで、キャロルがなぜ、社会の規範に合わせることが困難だけれども、豊かな想像世界を生み出せたのかが少し理解できた」と書かれていました。私としては、キャロルにASD者の傾向があったという見立てには納得できます。自閉症には想像力の障害が伝統的に指摘されてきましたけど、想像力がどのように現れるかは、発達障害者でも人によってずいぶん違います。人の心がまったくわからない例もあれば、私のように文学作品やマンガだとか、映画などから学ぶ人もいます。それは、定型発達者のように直感的な形でわかっているわけではないんだけど、「理屈としてそういう心的メカニズムなんでしょう」という仕方で、地球外知的生命に対する分析のようにして、一定の洞察を得ているわけです。

自閉症の世界で、最大のオピニオンリーダーに挙げられるテンプル・グランディン（Temple Grandin）は自分を火星の人類学者だと言っています。火星にやってきた地球の人類学者のように呆然として、「この世界の人たちは、なぜこうなんだ」と意味がわからないまま、混乱しながら生きてきた。別種の人類に出会っているという感覚。グランディンは動物学者ですが、まわりの人たちがあまりに自分と異質なので、火星の人類学者、つまり地球の定型発達者の詳細な観察者として生きざるをえなかったのです。

『ケアする惑星』を読んでいると、ヴァージニア・ウルフ（Virginia Woolf）の『波』（森山訳、二〇二一）が出てきますね。私も『イスタンブールで青に溺れる――発達障害者の世界周航記』（二〇二二）で、森山恵さんの新しい翻訳から引用しています。小川さんは、この小説の鍵になっている、意識が他者と交わる「コミュニオン」という現象に注目していますよね。私は、ＡＳＤ者って、外界との意識の交わりが定型発達者よりもむしろ深いと思っています。ただし、対象がだいたい人間ではなく、樹木や空や海などの自然、夜空の彼方の宇宙、自分が好きで集めているコレクションなんかです。他方で、他者とか社会とはつながりづらいという性質があるので、私の場合だとそれがかえって他者への関心を促してきたわけですね。

ASD者というと、「人に興味がないんでしょう」と言われるけど、少し違う。私は自分たちがネコに近い生き物だと思っているんですよ。ネコのような小さくてかわいい生き物となかなか結びつきづらいでしょうけど、でも、ネコってなるべく一匹で放っておいてほしい生き物ですよね。できるだけ単独で行動したい自閉症的な動物です。そして、そんなネコでも、当然ながらネコ同士で交尾したいこともあれば、人間に甘えたいとき、つまり他者と交わりたいときもある。このネコ的人生様式が、残念ながら定型発達者にはなかなかピンと来ない。私たちとしては、「なるべく放っといてほしい」と思って行動しているうちに、気がついたら、独りぼっちになっている。

だからASDと診断された人は、意外と他人との交わりを渇望する人であることが多いという印象を持っています。ASDだったのではないかと論じられることもあるウルフも、そうした性質を持っていたんじゃないでしょうか。ただし、それがどこまで自分の本来の欲望なのかというのは難しい問題です。ジャック・ラカン（Jacques Lacan）は「人の欲望は他者の欲望だ」と主張しました。ＡＳＤ者は周りに合わせてカムフラージュしながら生きているという事情があるので、他者の、つまり定型発達者の価値観を自分自身にインストールして、それに操られている可能性もあります。私自身がどちらなのかは、私にもわかりません。

小川さんは最近、ケア論に取り組んでおられて、基本的にはフェミニズム批評の潮流としてやられていると思うんですけど、体制的なものへの文学的抵抗という要素を小川さんの研究からいつも感じています。小川さんはもともと一八世紀の医学と文学の関係の研究をされていますよね。私も最初期には一九世紀から二〇世紀初頭のドイツ語圏における自然科学と文学の関係を研究していたんですよ。科学とか医療って、時代を経るとどんどん変わっていくものじゃないですか。それなのに、それぞれの時代では絶対の真理であるかのごとく振る舞って、偉そうに威張っていることに対するモヤモヤした反発意識がありました。小川さんも私の思いに共感してくれる部分があるやいなや――。

また、小川さんは、アダプテーション研究[*3]もやっておられて、共著で二冊の本（小川ほか編、二〇一七：二〇二一）を出されていますね。私にも同じ関心があって、文学的な素材に注目しつつ、いろんな芸術ジャンルやメディアを横断するような文学史の構築をめざすべきではないかという提言をしたことがあります。それはちょ

＊3 元の作品を小説から映画、音楽などに改作したり、脚色したりすること。

うど小川さんのアダプテーション研究が刊行される時期だったんです。

今は小川さんも私もケアの問題に取り組んでいて、医療や福祉の現行制度や社会の既成の価値観などに対して、文学研究者としての立場から、また自分自身の当事者性を手掛かりにして考察を進めている。小川さんと私の軌跡はおもしろいくらいシンクロしています。最近、私が仲間たちと書いた、『我々の星のハルキ・ムラカミ文学――惑星的思考と日本的思考』（小島ほか、二〇二二）という村上春樹に関する論集もまた、小川さんの『ケアする惑星』と近しいものを感じます。

余談ですが、『ケアする惑星』で扱われていた、チョ・ナムジュの『82年生まれ、キム・ジヨン』（斎藤訳、二〇一八）というベストセラーや、オルナ・ドーナト（Orna Donath）の『母親になって後悔してる』（鹿田訳、二〇二二）の二冊のジャケット画を描いた、榎本マリコさんとも、私はつながりがあります。独特の作風が魅力的で、私はこの二冊を読んで、『ある大学教員の日常と非日常』（横道、二〇二二）のジャケット画を榎本さんに依頼しました。私は肉体的に男性ですが、性の揺らぎがあり、また父より母とのあいだに葛藤があったという意識が強いのです。母娘問題の派生形のようなものを、私は母息子問題として体験しました。このあたりの私の当事者性については、最近の宗教二世関係の本で書いたり、安倍晋三銃撃事件以後、マスメディアでもよくしゃべりましたが、詳しいことは、『みんなの宗教2世問題』（横道ほか、二〇二三）で、斎藤さんとの対談でも語りました。

体系化を志向しない知

斎藤　いろいろ伺いたいことがありますから、順不同に訊いていきますね。まずは、さきほど言い忘れたこととして、ODには完成形がないという大前提があります。完璧なODというものは存在せず、あるのは、より良い対話《ダイアローグ》だけです。だから、スーパーバイズは雲の上の偉いスーパーバイザーから一方的に教えを賜るのではなく、みんながお互いの対話の実践を見ていろいろとアイディアを出し合うことになります。そこからヒントをもらって、少しでもいい方向に進化していこうとそれぞれが努めるのです。従来の心理療法トレーニングはハラスメントみたいなスーパーバイズが多くて、カリスマカウンセラーが弟子を徹底批判して矯正するような体育会系のスタイルが多かったので、ネガティブなことを言わないというODのスーパービジョンのスタイルは、専門家ほど新鮮な印象を持ったと思います。まあでも、たまには「あれは対話じゃない」などと言いたがる人もいるのですが。

理想形・完成形が存在しないというのは非常に重要なポイントであり、ケアの倫理に接続しやすいところでもあると思っています。後で中井久夫についても触れる予定ですが、彼の知のスタイルというものは、体系化を一切志向していません。中井自身の意図により、体系化は回避されています。木村敏や安永浩といった同世代の精神病理学者のように、自分の理論を構築していこうという発想を全然持っていなかった。なぜかというと、体系を構築すると権力志向が生まれてくるからというんですね。言うまでもなく「知」は権力で、権力が生まれると上下関係が生まれるし、ヒエラルキーのもとではケアは成立しがたいという発想なのだろうと思います。ケアの知は、やはり強固な体系を志向すべきではない。

未完成さや、隙間が多いこと、あるいは自己開示ということが重要です。ケアラーの側も自分の要素を自己開示することでケアが成立すると言える。宮坂道夫さんの『対話と承認のケア』（二〇二〇）という本の中で、「要するに、われわれはみんな死すべき存在だからケアができる」という言葉が出てきます。唐突に感じられもする言葉ですが、私は全くそのとおりだと思っています。ケアラーが弱さを共有していないとケアは成立しない。その意味でロボットには、本質的なケアはできないと思います。

この話から連想することがあります。『ケアする惑星』の中でウルフとフロイト（Sigmund Freud）の関係性が何度か出てきますが、小川さんは、フロイトにもケアの精神があったんじゃないかとおっしゃっています。でも、正直、私はそれにはあまり賛成できないんです。かつてフロイト＝ラカン派精神分析のシンパであった立場から見ても、精神分析はケアの真逆ではないかと思っています。分析家という上位存在に対してクライエントという下位存在が自己開示をして、解釈、徹底操作をされ、変容を遂げるという、完全にヒエラルキーを前提とした関係性です。カソリックの告解室が原型ですから、当然と言えば当然なのですが。なおかつ、フロイトは自身の壮大な理論構築を試みており、ユング（Carl Jung）やアドラー（Alfred Adler）などその理論に疑問を持った弟子は実質的に破門されています。こうした師弟関係はいろいろな方向に広がり、それこそ家元制度の師匠と弟子の関係のようなものがいたるところに繁茂していくという構造を持ちました。治療理論というのは体系的な知ですから、こういう在り方は当然とも言えます。しかし私としては、先ほども言ったように、ケアというものは体系化されるべきではない、むしろ原理的に体系になじまないと思っています。その意味で、フロイトは基本的にはケアとは逆方向を志向していたんじゃないでしょうか。その中でも最も理論的・体系的な部分を引き継いだラカンになってくると、完全にケアと真逆の存在です。中井久夫は「まるで患者を昆虫か何かみたいに観察している」と批判していますが、寄り添い、共感するような行為はラカニアン的には想像的でナルシシックな行為とみなされてしまう。自分の身体とか感情を使ってエンパシーをする代わりに、片言隻句を捉えて心の構造を導き出し、その構造の変化をもって治療とみなす。ただ、そのぶん「心の構造」理解の上では無双の切れ味を発揮するんですが、そういう方向性はケアとは対極にあると言わざるを得ません。もっと言うと、治療というのはいわゆる正義の倫理に基づいていて、ケアの場合はまさにケアの倫理。これらは真逆の倫理性と言えるかもしれません。

ただ、これらは当然相補的であるべきで、特に身体医学の領域においては両方ないと成り立ちません。ケアだけでも、正義の倫理だけでも、非常に偏った実践になってしまいます。だからでしょうか、最近は双方がお互いに近づいてきていて、治療する側がケアの倫理を身に付けたり、ケアが治療に近づいたりしているように思います。しかし、相補性というのはわかりやすいロジックではありますが、果たして本当に可能なのかという疑問もあります。中核部分には全く相容れない部分があるような気がしてならないのです。それを相補性という言葉で誤魔化してしまうと、お互いの本質の部分が見えなくなってしまう懸念も少しありますね。

それからもう一つ。これは後で横道さんのご意見も伺いたいのですが、サイモン・バロン＝コーエン（Simon Baron-Cohen）という少し前の自閉症研究者によると、知識の体系化・システム化というのは男性脳、もしくは自閉症脳の特徴と言われています。とにかく知の体系を作りたがる、システマチックに知を構築したがる傾向が男性、そして同時に自閉症傾向を持った人にあるということです。これは正義の倫理とケアの倫理の対立とも似たところがあります。正義の倫理は構築性が高い知の体形ですが、ケアの倫理というのはあまり構築しない緩やかな体系であり、なおかつ身体性や感情に開かれている部分がある。そのような点から考えると、これも小川さんのご著書に書かれていたルイス・キャロルという存在は、果たしてケアの倫理を体現した人だったのかどうか疑問に思いました。

小川さんはあまり（あえて？）触れられていませんでしたが、キャロルと言えばロリコンの代名詞ですよね。また、小児性愛者《ペドファイル》だったかもしれないとも言われています。そこまで言えるかどうかは分かりませんけれど、彼の身ぶりはまさに現在のロリコン的な振る舞いに非常によく似たところがあり、特にアリスの話の中に出てくる少女の身体をいろんなふうに変形する——首を伸ばしたり体を大きくしたりといった描写には、現代での美少女漫画、美少女アニメの中に継承されている少女身体の変形という特異なフェティシズムの嚆矢ともいうべき嗜好がみてとれます。少女の体を物象化して変形したり操作したりする快楽ですね。ですから、キャロルをどのように捉えるのか議論の分かれるところかもしれないと思って読ませていただきました。もちろん、どちらか一方だけということはありえないので、どのあたりまでが正義の倫理的な要素で、どのへんにケアの倫理的な要素があるのかについて、ご意見を聞かせてくれませんか。特にフロイトとキャロルについて伺いたいのです。

横道　バロン＝コーエンは、男性脳やマインド・ブラインドネス[*4]の理論で知られるかつての自閉症研究の大家ですが、いまではそうした理論への批判も多くあります。なかでも、男性脳・女性脳を仮定するというのが、疑似科学的ではないかと言われています。ＡＳＤがあると、超男性脳になって論理思考が強くなる、体系化思考が強くなる、という図式を示していますが、実際にＡＳＤの当事者たちと接していると、女性は女らしさが弱い感じがして、その意味では男性的な印象もありますが、男性も男らしさが弱くて、女性的な印象を与えることが多いような気がします。男女いずれにしても中性的な方向に近づくという印象を私は持っています。

これにはいろんな理由があると思いますけど、周りにシンクロしにくい、「その場の空気」を読みにくいといった特性があることが関係すると思います。発達障害者支援法[*5]が成立して、アスペルガー症候群が話題だった頃、「空気が読めない」を意味する「ＫＹ」が流行語になりましたね。この言葉自体は否定的な文脈で使

＊4　自閉症が相手の心を読むメカニズムの障害によって起こるとする理論。

＊5　発達障害のある人の早期発見と支援を目的として二〇〇五年に施行された法律。

われますが、良く言えば同調圧力に屈しにくいということです。
キャロルに思いをはせると、やはりいわゆる男らしい男になれなくて、周りの同年代の女の人たちに恋愛や性愛の対象にされにくくて、それで自分と精神年齢が近い児童たちとの関係性に安心を見出すことになったんじゃないでしょうか。その上で異性愛者だと、性愛的な狙いがなくても、どうしても男児よりは女児と仲良くなりたいと望んでしまうとすれば、それなりに納得できます。それが周りから見ると気持ち悪いというか、ペドフィリア的、ロリータコンプレックス的に見えてしまったのではないでしょうか。

斎藤　それは性的指向としてのロリコンではなくて、純粋にそういう女の子を相手にしているほうがほっとするというような解釈でしょうか。キャロルについて言えば、非常にたくさん女の子の写真を残している点を考えると、少し引っ掛かるところもなくはないかなと……。ほとんど裸同然の写真があったりしたようです。でも、非常に興味深いご見解です。

横道　私自身を参照項とすれば、私は若者の頃、レトロな少女マンガの熱心な蒐集家でした。私の中性的なジェンダーにそれなりの関係があるはずですが、他方では自分が結局は肉体的に男性ですから、未知の世界にあたる女の子の世界に憧れたということがあると思います。しかも私は同世代の少女マンガには関心が薄かったんです。むしろ、どうやっても到達できない時代、自分が生まれる前の時代の女の子たちの世界に惹かれました。そんな具合ですから、実際の少女や幼女に性的な意味あいでどうこうっていうと、それはやはり生々しすぎて、気持ち悪くて無理というところです。もちろん両方ある男性もいるとは思いますけれど。つまり小さい女の子との交流に純粋に安心できたという実情に、性的な欲望が絡みあっている男性もいるとは思うんですけど、そういう人ばっかりではないかなと思います。

フロイトの多面性

小川　フロイトに関しては、斎藤先生のご意見にほぼ賛成です。『ケアする惑星』でフロイトとウルフの章を二つに分けた理由もそこにあります。私が一番引っかかるのは、ウルフが一九三八年までフロイトを読まなかったと公言していることです。「私は精神分析医が嫌いだ」と、ウルフが激しく批判していた文献がたくさん見つかっていることからして、フロイトの男性的、体系的なものに対する忌避、嫌悪感と言えます。彼女は夫と一緒に立ち上げたHogarth Pressという出版社からフロイトの著作を出版していて、仕事上のパートナーとして付き合いがあるから、内情は複雑だったはずです。エディプスコンプレックス[*6]とか超自我[*7]とか、マッチョな精神分析なんてものは、はなから私は嫌いなのよ、という気持ちはあったでしょう。

そもそも流動的な自己というものをイメージしていたウルフからすると、男性はこういうふうな発達を経て大人にならなければならないというような理論に対して抵抗があったはずなんですよ。ですから、最新の研究では、ウルフは実際フロイトの著作は読まなかったかもしれないけど、世間一般で言われている常識的なフロイトの理論は理解していたというところまで突き止めています。つまり、読まなかったかもしれないが、マッチョな理論であることに間違いはないだろうと知っていた。そういうところから彼女の嫌悪感が出てくるのです。

『ケアする惑星』では、そこまでで議論を終えて、別のトピックに移ってもよかったのですが、結局、別の章でフロイトのもう一つの側面について書くことにしました。それは、フロイトに関する文献を読んでいくと、彼にもポリフォニック的に、体系化とは別の面があったんじゃないかと思ったからです。バロン＝コーエンの知の体系化は男性的だという話がフロイトに当てはまるけれど、彼の喪（mourning）[*8]についての考え方に注目すると、私は彼が男性的ではなく女性的なものへの憧れ、多孔的な部分、どこかでそういうものを求めていたように思いました。ですから

＊6
フロイトの提唱した概念。男児が母親に性愛的感情を抱き、父親に敵意を持つとされる無意識的な心理状態のことを指す。

＊7
フロイトの提唱した概念。エス・自我とともに人間の心を構成する三つの層の内の一つ。

＊8
フロイトの提唱した概念。大切な人を失い、残された人が現実を受け入れていく健常な心理過程。

私の本の中では、こうした解釈について、二章に分裂させてフロイトを書いたのです。

後で斎藤先生の『100分de名著　中井久夫スペシャル』（斎藤、二〇二二）の話になると思いますが、『治療文化論』（中井、一九九〇）について少しだけ先にご紹介させてください。この本の六〇ページにフロイトについて、「いささかシャーマニスティックな治療者を思わせるエピソードがある」と書かれています。やっぱり、フロイトには体系的なものを作って治療していくのとは違う面があったんじゃないでしょうか。シャーマンの話は私もすごく関心があります。後ほど中井久夫さんのS親和者の話にもなると思いますが、今、日本ではS親和者の文学作家が増えつつあり、評価されてもいます。特に宇佐見りんさんや村田沙耶香さんなど、S親和者的なテーマを探究されている方もいます。もしかしたら発達障害的な気質とつながりがあるのかもしれないですね。

また、S親和者が狩猟・採集時代に求められたという話は面白い。今まさに新自由主義的なサバイバルの時代に突入し、サバイブするにはどうしたらいいか求められていて、S親和者の声に耳を傾けつつあるのかもしれません。だからS親和者が芥川賞を取るような時代になっているんじゃないでしょうか。自己が完成されていないという前提で相手と対話していくやり方は、シャーマン的な気質ですよね。もしかしたら中井久夫さんが言うようにフロイトにもそういう側面があったのかもしれないと思います。

フェミニストの立場から、私の中にはフロイトに対する先入観が少しありました。例えば、ドーラ*9とのやりとりで彼は散々フェミニストたちに批判されてきており、私自身も正直そういう家父長的な面が大嫌いでした。でも、今回の本ではできるだけケアの倫理を実践しようと思い、改めて徹底的にフロイトを読むことにしました。いままで自分の中に、どこかでバイアスがあったんじゃないかという思いがあり、それを認めていくのもケアの倫理なんじゃないかなと思ったんです。だから、彼が書いてるものから色々と推測して、彼の人物像を想像していったわけですが、結果として、彼に対する評価は私の中でまだ揺らぎがあるといったところです。『ケアする惑星』の中で章を書き分けたように、文字通り私の中のフロイトは分裂しました。実はルイス・キャロルに対しても同じことが言えます。

斎藤　フロイトの両義性というのはいたるところにありますし、ご指摘のシャーマン的な側面もあったと思います。むしろ自身のそうした資質を自覚したがために、「科学としての精神分析」を追求しようとしたのかもしれません。

フェミニストから見た場合の最大の問題点は、一つはファルス中心主義であり、もう一つは誘惑説を捨てたところでしょう。ウルフの反発の理由の一つとして、フ

*9　フロイトに精神分析を受けた若い女性の症例。いわゆる、フロイトの五大症例の一つとされる。

ロイトはヒステリーの原因として初めて幼児期の性的虐待を取り上げたのに、後になって「患者の空想だった可能性がある」として撤回したことがあります。一説には当時の上得意だった上流階級の人々に配慮したのだとも言われますが、一方で、実はそうではなく、フロイトが理論的深化を遂げたのだとも言われている。実際に虐待があった、もしくは虐待記憶を捏造した、このどちらであっても、それは心的現実としては等価であって治療の対象になり得ると彼は主張しているのです。ですから、虐待の事実を否定したのとは少し違う。しかし、フェミニズムの文脈からすれば、性的虐待の加害者を告発すべきところを免責するような発言をしてしまったのが許せない、となりました。ただ現在でも、治療場面で性的虐待経験が語られたとしても、それが現在進行形でない限りは、治療者が加害者告発に積極的に動くことはないのですが。

ウルフはおそらくそのあたりも理解した上で、それでもフロイトは支持できないと考えたのかもしれません。一九二〇年代のことですから、そこまでまだ議論が進んでいなかった可能性もあります。ウルフの義兄二人からの虐待経験については今回初めて学ばせてもらい、びっくりしました。この経験があってフロイトを読んだら、それは複雑な思いがするでしょう。ただ、フロイトにはそういったアンビバレンスがあったのだと思います。

小川　斎藤さんのおっしゃったことはとても大事で、性被害やＤＶがなかったことにされてきたというのは、恐らくフロイトだけの話ではなく、多くの男性の心理学者が隠蔽してきたことなのですよね。ハーマン（Judith L. Herman）の『心的外傷と回復』[*10]（中井訳、一九九九）を読めばそれが如実に分かることだと思います。二〇世紀後半にならなければ、そういう議論ができなかったのは遅過ぎるんじゃないか――私はこの問題について今後、ハーマンの『心的外傷と回復』を読んで書いていかなければいけないと思っています。今回ウルフとフロイトに対峙できたことで、出発点が見えた気はしています。

斎藤　一つだけ補足させていただくと、ハーマンを訳したのは中井久夫です。中井さんは阪神・淡路大震災の後のトラウマの時代を予見して、いち早く訳したのです。彼がすごいのは、その直後にアラン・ヤング（Allan Young）の『ＰＴＳＤの医療人類学』（中井ほか訳、二〇〇一）も訳していることです。こちらはＰＴＳＤ批判の視点を含む文献ですから、大変なバランス感覚だと思います。ハーマンの本は一部では批判があったりしますし、特に複雑性ＰＴＳＤという概念を入れるかどうかについて議論があり――私は入れるべきと考える立場ですが――中井さんの場合はそれを金科玉条にせず、ヤングを訳すことでバランスを取ったというふうに考えられます。中井さんはトラウマ理論の必要性を認めつつも一定の距離を保っ

＊10　ハーマンはこの著書で、ベトナム帰還兵における心的外傷後症状と被虐待児や性犯罪被害者にみられる症状の類似性を指摘し、複雑性ＰＴＳＤ概念をはじめて提唱した。

ていて、私がかつて「統合失調症からPTSDに軸足を移されたのでしょうか」とうっかり尋ねて、言下に否定されたことがあります。

小川　今後、その方面は本当に勉強しないといけないと思いました。それからキャロルの話も同じです。フロイトはドーラをバイセクシャルだと言っていじめた人としてみられてきた。また、キャロルに関して言えばロリコンでペドファイルだったというのが一般的なイメージです。けれど、私は、ラベリング（レッテル貼り）をせずに彼らについて語れないものだろうかと考えて、あえてロリコンとかペドファイルという言葉を使わなかったのです。

先ほど横道さんがおっしゃったことにも関連しますが、少女の身体に魅了されることはどこまで変態的、病的なのでしょうか。それこそ中井久夫さんが病気の定義についての問いかけをされていて共感します。一八世紀から二〇世紀にかけて、病気の定義は変わっていくなかで、キャロルはそういったものにセンシティブな人だった印象があります。彼自身、自分が奇異な目で見られていることを理解していたでしょう。でなければ、あんなふうに一般的に言われている心理学は間違っているなどと公言しなかったと思います。彼は自分が病気とされることへの抵抗として、その当時の精神医学に対してノーを突き付けたと言えます。子どもは大人の社会に入ると、ラベリング、分類の問題にぶつかり格闘していかないといけませんが、彼の描いたファンタジーはそういう言葉やラベリングがない世界です。彼がなぜそういうものに共感していくような物語を書いたのかというところに今回の本では終始したかったのです。しかし、斎藤先生には痛いところを突かれましたね。確かに少しは書いたほうがよかったかなって反省してます。既存のイメージは焼き付いていますから、それを払拭するとは言わないまでも——必ずしもそういう解釈だけじゃないということを伝えたかったのです。

横道　私は小川さんの話を聞いていて、公平さを追求する点に自閉性を感じていました。こんなことを言うと機嫌が悪くなる人も多いのですが、私自身は「仲間発見かも！」とうれしくなっているんです。

小川　私は多分そういう傾向がありますよね。

横道　ＡＳＤ者は、ゼロ百思考とか白黒思考の傾向が強いので、どちらかというとラベリングをしがちな種族かもしれません。でも、だからこそ、その弱点を克服したいという思いの人も多い。私自身がまさにそうです。そうした中立を重じる考え方に共感します。

自閉症と統合失調症①——対立、あるいは両立

横道　中井久夫の提唱したＳ親和者の話が出てきましたね。統合失調症、つまりスキゾフレニア（Schizophrenia）の傾向に親和的な人のことで、そうした人々がそれなりにいるんじゃないかと指摘したわけですよね。小川さん自身も発達障害のことに言及しておられましたけど、私が考えていることと、おそらく同じではないかなと思っています。かつてクレッチマー（Ernst Kretschmer）がいろいろな人間のタイプ分けをしましたけど、その中では分裂病質の人が、いまで言うＡＳＤグレーゾーンの特性そのままなんですよね。もともと自閉スペクトラム症の「自閉」という概念自体、統合失調症を説明する用語から取られています。

一九八〇年代になるとドゥルーズ（Gilles Deleuze）とガタリ（Pierre-Félix Guattari）の『アンチ・オイディプス』[*11]（宇野訳、二〇〇六）がよく参照されるようになって、日本で中井久夫がＳ親和者を提唱したのも、その流れにあるような気がします。中井さんのこの議論のすぐあとには、浅田彰さんの『逃走論』（一九八六）が出て、スキゾとかパラノとかいう言葉が流行したようですね。私はそのころ幼稚園児だったので、気づきませんでしたが、あれらはもろに『アンチ・オイディプス』が下

＊11　ドゥルーズとガタリはこの著書の中で、精神科医であるフロイトの唱えたエディプス・コンプレックス論を批判した。

敷きなのかなと想像しています。それらの統合失調症的、当時の言い方では精神分裂病的とされたものは、今の時代には、ＡＳＤやＡＤＨＤの研究が進んだ結果、発達障害の枠組みで捉えなおされつつあると感じます。

とはいえ、さきほど言ったように、私はもともと自然科学的言説の非永遠性や非真理性が関心の対象だったので、現在の発達障害に関する言説は、将来的にはかなり解体されていくものだろうと——そういうふうな留保の上で、発達障害の最新の言説に向きあっていきたいと思っています。発達障害に関する言説が絶対的な真理だとは思っていなくても、「現在においては相対的に真実に近いもの」という理解で、重要視しなくちゃいけないと考えているわけなんです。

宇佐見りんさんの『推し、燃ゆ』（二〇二〇）が刊行されたあと、発達障害者の仲間同士でこの作品をどう読むかという会合を開いたことがあります。これはＡＤＨＤの話だという意見は巷間でもよく耳にしましたが、私の仲間には、作者本人がＡＤＨＤの人だと感じたと語る人もいれば、ＡＤＨＤの友人や知人を参考にした上で、推測で書いたんだろうと語る人もいました。一方、村田沙耶香さんに関しては、仲間たちは口を揃えてＡＳＤ者だと思うと言っていましたし、私も同意見です（笑）。特に『コンビニ人間』（村田、二〇一六）にはものすごく共感を覚えました。

一般的にＡＳＤ者には共感性がないと言われていますけど、私は自閉症者同士は普通に共感できると思っています。同じような感じ方をするから、同じような考え方になりやすく、結果として同じような過去の経験があるから、自分と重なってくるわけで、自然と共感が生まれるでしょう。

斎藤さんは、新刊の『「自傷的自己愛」の精神分析』をはじめ、ご著書や論文のなかで発達障害の診断が増加していることによく言及していますね。国内では諸外国の二倍ぐらいの診断が出されてしまっていると、いわゆる発達障害バブルに関して批判を重ねてこられたと思いますが、私は診断の増加には、もしかしたら診断の精度が増したという事情もあるんじゃないかと思っています。かつては統合失調症と誤診されていたけど、本当はＡＳＤだった、少なくとも現在の観点から見ると、ＡＳＤと診断を下すほうが、統合失調症と診断するよりも妥当性が高い、という事例が相当数あると思うんです。また斎藤さんは昨今なぜか統合失調症の診断が減っているということも、よく話題にされてきましたけれど、それもこの理屈で説明できるような気がします。かつてだったら統合失調症と診断されていたような人が、現在ではむしろ発達障害と診断されていて、その診断のほうが妥当性が高いという事情があるのではないでしょうか。

この考えを医学書院の白石正明さんに伝えたら、「発達障害者として発見され、手当を受けられるようになったおかげで、脆弱性を持った人が統合失調症を発症しなくなった面が大きいと考えています」とお返事をいただきました。精神科医には、統合失調症とASDを対立的なものと考える人もいて、そういう人の場合はこの二つの精神疾患は併存しないという見立てを持っているようですが、私は充分に両立すると思います。明らかにASD者の特性を発揮しているけど、幻聴が聞こえるなど、統合失調症の特性も持っている人たちに、自助グループで何度も出会ったことがあります。

発達障害の特性は先天的かつ一生ものですが、さっきも話題にさせていただいた擬態、カムフラージュの問題が、多くの精神科医や心理士にまだ充分には知られていないことを残念に思っています。カムフラージュが成功して、環境への適応によって治ったかのように感じている当事者が一定数いるはずです。

そもそも、ASDやADHDの診断にあたっては、生活に明確な障害が起きていなかった場合、診断を下してはいけないというルールがDSM－5に書かれています。ある人が非常にASD的、あるいはADHD的な性質を持っていても、環境に恵まれて、うまく生活できていたら診断されないということになる。環境が変わることによって、障害が実質的になくなって、自分は治ったと理解する人もたくさんいると思います。

DSM－5には、ASDの場合、男性の患者が女性の患者の四倍多いと書かれていますけど、実はそうではないんじゃないかという議論が近頃盛んになっています。例えば、「不思議ちゃんでかわいいね」とか「あまり視野が広くないけど、女の子だから仕方ないね」といった言葉で片付けられて診断を見落とされてきた女性の層があるということです。女性同士の同調圧力がすごいとか、男性からの目を意識して自分の振るまいを矯正しなければいけないような事情があって、「隠れASD」になっている人もいる。ですから今後、発達障害者として診断される人は、女性を中心にさらに増えるかもしれません。また、日本の社会では他の先進国よりも主婦を選ぶ女性が多いため、社会生活への支障が顕在化しないことで、「障害者」として診断されない当事者はかなりいそうです。

中井久夫の話も少しだけ加えたいと思います。斎藤さんと私が初めて話した、頭木弘樹さんとの鼎談（本書収載）のとき、斎藤さんに「横道さんが中井久夫をどう読んでいるか、ぜひ聞きたい」と言っていただいたことを覚えています。その時点では、読んだことがなかったのですが、斎藤さんにそのように言われたので興味が生まれ、中井さんの本をあれこれと読むようになりました。

斎藤さんはもしかして中井さんと私がどこか似ている部分があると感じたのではないかと思います。中井さんは『治療文化論』（中井、一九九〇）のエピグラフでエリオット（Thomas S. Eliot）の、「すべては感性の論理に従って整合する」という言葉を掲げている。私はエリオットがものすごく好きなんです。このエピグラフが体現するとおりの詩人だと思います。そして中井さんも私も、まさにこの点でエリオットに通じる気質の持ち主のような印象があります。

また、『現代思想』の中井久夫追悼特集で、斎藤さんと東畑開人さんが対談されていて（斎藤＋東畑、二〇二二）、斎藤さんは晩年の中井久夫が現代だったら自分は発達障害と診断されていたかもしれませんと発言したことを紹介されていました。私もやはり中井久夫も発達障害の傾向があったのかなと思います。もちろん、さきほども言ったように、この先も同じ診断基準が続くかどうかはわかりません。かつて神経症的とされたものが、のちに統合失調的ということになって、現在はASD的ということになって、未来にはまた別の捉え方がされているという可能性は大いにあります。

斎藤　発達障害について、世の専門家の多くは先天性の機能障害だから治らないと考えていると思いますが、私は実はすべてが先天性とは思っていないし、機能障害とも思っていません。バイオマーカーがない以上、「先天性」も「器質性」も仮説以上のものではないと考えています。加えて「発達障害は発達します」（神田橋條治）から、非常に可塑性が高いと思っています。また、横道さんがおっしゃったようにカムフラージュ現象がしばしばあることは自分のケースで見ています。今はとにかく専門家ですら――むしろ専門家こそ気を付けるべきですが――当事者に向かって「これは先天性の病ですから治るということはありません」などと言ってしまう時代ですから、そういう教条主義的でラベリングめいた捉え方で発達障害をバブル化するのは好ましくないと考えています。ただ、発達障害はカテゴリー診断のようにはっきりした線引きができないディメンジョン診断で、「定型発達」とはグラデーション的につながってますから、その意味では人類全員発達障害と言ってもいいとも思っています。凸凹の大きさの違いがあるだけ、という認識です。程度がひどければ事例化するし、さっき横道さんがおっしゃったように環境がそれを許している場合は診断する必要はないと考えるところもある。熊谷晋一郎が言うところのインペアメントとディスアビリティ*12の違いですね。

　発達障害に関する私の結論としては、環境との相互関係によって析出してくる問題なのだから、決定的なインペアメントとは言えないだろうと見ています。その上でのバブル批判ということですね。また、先ほども言いましたように、確定診断のバイオマーカーは存在しません。知能検査で言語性ＩＱと動作性ＩＱのディスクレパンシー*13がどうのと言われることがありますけど、あれだって診断ツールじゃありませんし、まして近年流行の脳波検査で発達障害が診断できる云々の言

＊12
インペアメントは、身体の機能損傷または機能不全。疾病などの結果もたらされたものであり、医療の対象となる。ディスアビリティは、インペアメントなどに基づいて生ずる社会環境との間に生じる齟齬《そご》であり、環境調整によって改善できる。

＊13
discrepancy。ウェクスラー知能検査において、指標間の差を指して使われることが多い言葉。

説は何の根拠もなく、完全にバブル便乗商法でしょう。

発達障害と統合失調症の関係としては、もちろんそれだけでは語れませんが、診断の流行時期の違いもあって診断名がシフトした面があると言えます。実際にはかつて単純型分裂病、スキゾフレニア・ジンプレックス（schizophrenia simplex）という幻覚や妄想がないタイプの統合失調症という疾患概念がありましたが、今はほぼ使われません。なぜなら、これがいわゆるＡＳＤであることが分かってしまったからです。私もこのような誤診をしていたケースが過去に三例ほどあって、すっぱりと薬をやめたら状態が良くなりました。そういった誤診はおそらく日本全国で起こっていたはずです。だから発達障害ブームに功罪あるうちの功の部分、良かった部分として、統合失調症という誤診が減って薬をやめられたことは大きかったと思います。

それから、さきほどご紹介いただいた白石さんの見解――早期に発達障害と診断されることで予防効果があったかもしれないということ、これはありえる話だと思います。ただそれだと、まるで日本の学校教育システムが発達障害に適切に対処してるかのような印象を与えますけれど、実際はそんなことはないでしょう。適切に対処すれば予防効果があったかもしれませんが、現行の特別支援学級などのあり方がそこまで発症を減らすインパクトを持ちえているかどうか甚だ疑問です。もっと極論を言うと、学校教育の中で私はすべての生徒が発達障害である前提で接したほうが教育がうまくいくと思っていますが、どうもそうはなりませんね。

あともう一点、「脳の疾患だから生育歴や養育方針は関係ない」と考えたがる人が多いことも問題です。これは発達障害ブームと言うよりは、脳科学ブームの問題であろうと思います。脳の疾患ならばなおのこと、脆弱性が高いわけですから、虐待やいじめによるトラウマの影響は定型発達に比べてもはるかに大きかったりする。非常にしばしばフラッシュバックを起こしている発達障害の方が多いことを考えても、いかにいじめや虐待のトラウマが長期的に影響するかということが明らかですから、そういった配慮がなされるべきということが前提にあります。

中井久夫とケアの倫理の親和性

斎藤　さて、中井久夫という人物についても改めてお話しておきたいと思います。中井さんは双極症で使用する炭酸リチウムという薬を服用していたことをエッセイに記されていますが、エピソードからも文章から見ても完全にS親和者でしょう。ただ日常生活においては、かなり発達障害的側面があった方ではないかと私は思っていますし、ご自身もその自覚があったようです。彼は二〇二二年八月に八八歳で亡くなりましたが、世代的には発達障害ブームより少し前、まだ統合失調症が精神医学のメインテーマだった時代を生きた人で、発達障害概念に関してはあまり親和性がなかったはずです。ただ、同世代の福島章という、こちらも同年物故された精神科医が、少年犯罪の原因として「微細脳器質性障害」なる概念を提唱していたことがあり、今にして思えばこれも発達障害的な概念でしたけれども、かなり近い視点で中井さんも、器質性障害が疑われる事例をいくつか紹介しているので、時代が違えば関心を向けた可能性は高いと思います。

中井さんはご自身がさまざまなトラウマを経てきた人でもあります。古くは小学校時代の激しいいじめ体験があって、これは「いじめの政治学」（中井、二〇一八）という見事な論文に結実しています。自身の体験の解像度があれほど高いということは、当時のトラウマが非常に鮮明に刻印されているということなんですよね。もちろん、それを言語化する能力の高さもありますが。あるいは、中学時代におばあさんに嫌みを言われておばあさんを突き倒して学校へ行き、帰ってきたらおばあさんが亡くなっていたというショッキングな事件について、エッセイで告白されています。本人は間違いなく自分が祖母を殺してしまったと思ったことでしょう。これも有名な話ですが、京都大学のウイルス研究所に入ったときに、『日本の医者』（中井、二〇一〇）という医局体制批判の本を書いており、そのせいで研究所のボスからにらまれて破門されることになります。おそらくこれが最大のトラウマ体験になっていて、何十年か後にそのボスから「君はうちの出世頭だ」なんて言われて和解を求められたんですけども、「あれだけ共産主義活動に勤しんでいたあなたが出世頭とは何事か」という思いから握手を拒んだというエピソードを記しています。背景にそういった経験があって、ケアに親和性が高い最初期の医療者になったかと思うと、とても感慨深いものがあります。

とにかく権威や権力関係に非常に敏感な方で、『日本の医者』の中にも、若い医者が自分の権力にもたれて看護婦を口説きまくることをいさめる文章があったりします。そうした姿勢は患者さんに対しても及んでいて、一貫してフラットな関係を結ぶことを重視していました。これは当時の状況からすると、今よりもはるかにハードルが高いことなんですよ。当時、精神科医というのは百人単位の病棟を一人で診るのが普通で、これを牧羊犬が数百頭の羊を管理するのになぞらえて、日本医師会長の武見太郎から「精神科医は牧畜業者」と揶揄されるという時代でした。この屈辱が、近年の過剰な生物学志向につながっていると思います。その時代にあって中井は、一人ひとりの患者と非常に懇切丁寧な関係を結んで、特に最もインテンシブな絵画療法や風景構成法といった手法を用いることで、変化が乏しいと思われていた統合失調症慢性期の患者さんの中にもいろいろな回復のプロセスが動いていることを発見しました。統合失調症に関して、コンラッド（Klaus Conrad）が発症プロセスを解明して有名になりましたが、回復期のプロセスを解明した人はいなかったので、これは中井さんの最大の業績の一つと言ってよいと思います。そういった非常に精度の高い観察眼を持っていたことも、ケアの倫理に近いものを感じます。回復プロセスの節目を臨界期と名付けつつも、さらに上位概念に還元して体系化しようとはしなかったところも禁欲的で素晴らしい。また、身体性には常に繊細な配慮をする方でしたが、これはあくまでも五感で感知できる範囲の身体性に限定されていて、不思議なくらいドーパミンやセロトニンといった脳内ホルモンの作動に関する言及がありません。これも体系化のリスクを恐れたためかもしれません。さまざまな意味で、ケアの倫理を体現した人物と考えてよいかと思います。まぁ弟子に対してはけっこう厳しくて、ハラスメントすれすれな逸話もありますけれど、そこには患者のアドボケーター（代弁者）としての思いもあってのことで、基本的にはフェアネスを重んずる方でした。医局員との関係も良好でしたし、特に晩年の女性研究者たちとの関係は、ちょっと嫉妬したくなるぐらいです。特にトラウマ関係の女性研究者らとの良い関係が晩年を彩っていたことは誠にうらやましい限りです。

小川　斎藤さんの『100分de名著　中井久夫スペシャル』、テレビを見ながら勉強しました。テレビ番組でお話しされていたまま書いてくださっている部分が多く、聞き損じたところを本で勉強できる、とてもありがたい指南書になっていますね。私はケアの倫理の視点から拝読して、ギリガン（Carol Gilligan）の前にもこういうことを考えた人がいたのかと、あまりの親和性に、しかもそれが男性だということにびっくりしました。本の中で斎藤さんがパターナリズムという言葉を使って説明してくださったところがあります。例えば中井先生が、診療を見学している研修医の中に腕組みをして上から目線の態度の人を見とがめたりしたそうですね。パターナリスティックな態度自身が治療、ケアじゃないだろうと批判されていた点に非常に共感しました。

「心のうぶ毛」という言葉については、最初はよく分からなかったのですが、もう少し読み進めると出てくるS親和者という言葉と重ね合わせると分かるような気がしてきました。つまり、ごく簡単に捉えるとS親和者というのは敏感な人なんじゃないかと思います。森鷗外を例として、境界人[*14]と名付けて紹介されています。ここで紹介される「沙羅の木」[*15]という詩を読んでみると、この白き花が、小さくて、気付いたらもう散っていて、とにかく目立たない。そういう存在に敏感で、小さなものにも注視する、こんなところに生命があると気付くという内容

＊14
中井は、武士道的な自己抑制の倫理観と、町人の合理的価値観を併せ持つ大石蔵之助、日清・日露戦争に軍医として出征し、ヨーロッパ的教養を持つ文人でもあった森鷗外の二人を例に挙げて示した。

＊15
森鷗外の詩。
「褐色《かちいろ》の根府川《ねぶかわ》石に
白き花はたと落ちたり、
ありとしも青葉がくれに
見えざりしさらの木の花。」

です。一八世紀の詩人、ウィリアム・ワーズワース（William Wordsworth）の、The Lucy poems（Wordsworth, 2020）と呼ばれる詩のいずれにも、小さく、目立たない存在である少女が登場します。そのうちの一つの詩篇には、スミレが出てくるんです。Lucyという世間に知られていない少女を喩えるときに、「こけむした石の裏側に咲いているスミレ」というとても回りくどい説明をしています。その存在に気付くワーズワースはもしかしてS親和者だったのだろうか、文学の言葉を綴ってきた人たちは、一般的には忘れ去られたり気付かれなかったりするようなものを敏感に察知して、それを言葉に残してきた人たちなのだろうかと、そんなことを考えて、すごく感激しました。

S親和者は、世直しをする者であって立て直しはしない、つまり問題の設定者と解決者の違いについての話もありましたね。これも物事に敏感であることと構図的に重なり合っています。世直しというのは、こっちの方向にみんな行きましょうと言って号令をかける人なのでしょう。だから、まず、どんな問題設定が必要なのか気付かなければいけない。つまり、小さいものに注視する能力の高い人なんじゃないかと思います。そういった意味で中井先生はロマン主義文学の登場人物にさえ見えてきます。

また、『治療文化論』の中にはシャーマンに関する話が出てきますね。私は田口ランディさんの小説で、インドネシアが日本よりもシャーマニズムが進んでいるという話を読んだことがあります。インドネシアのどこか霊的なもの、シャーマン的なものがとても健全なほうに導いて、人間の枯渇した魂を生き返らせてくれるといった物語なんです。キツネつきなどの地域に固有なオカルト的なものを治療の一部として取り込んだり、シャーマン的なものと治療《ヒーリング》がつながっていることがとても面白い。私の祖母に霊感があって、コンコンさんに揚げを持ってお参りに行くとき、鳥居へ入ると揚げが飛んでいくという話を思い出しました。祖母の話を聞いたとき、私はまだこういう知識も全くなかったので、シャーマンとは結びつきませんでしたが、いま振り返って考えてみれば、戦後間もなくとても苦労した祖母がシャーマン的なものにすがって生きていたように思われます。私がゴシック小説の研究者であるのも祖母の影響かもしれない、なんて思います。この斎藤さんの本を読んで本当にいろんなことを考えさせられましたから、非常に感謝していますし、大変勉強になりました。

斎藤　ありがとうございます。心のうぶ毛の話に反応していただいてうれしく思います。「心のうぶ毛」というのはシンプルな言葉ですがなかなか多義的で、けっこう解釈が難しいのですが、一種の触手みたいなものじゃないかと思います。つまり、触手やセンサーであると同時に相手に触れる器官でもあるというようなことだと。

よく中井さんが使うたとえとして、回復してきた患者さんというのはカタツムリが角をそっと伸ばしてくるような状況だというものがあります。治ってきたからもっと頑張れとか、せっかく伸びてきた角をやっとこで引っ張るようなことはやめておきなさい。そういう方がうぶ毛を擦り切らさない治療をしましょうということです。例えば、むやみに薬を増量したり、あるいは早い段階で強引に作業療法を導入したりといったことを少しためらうような効果があって、非常にいい表現ですよね。

このうぶ毛をいかに残すかということに関して、今は昔ほど慢性患者が多くないですけど、昔は本当に病棟に沈殿しているような古い患者さんがたくさんいました。アガンベン（Giorgio Agamben）は『アウシュヴィッツの残りのもの』（上村・廣石訳、二〇〇一）で強制収容所の「ムーゼルマン」[*16]について書いていますが、日本の病院にはムーゼルマンがいっぱいいるんです。自発性も意欲も失って常同的な徘徊行為をするしかなくなってしまった人がたくさん沈殿していて、そういう入院しっぱなし（「社会的入院」と言います）の人が日本の病棟にはまだ数万人いると言われています。こういう人を今後どうするかというのは本当に大きな問題なんです。そういう状況の中でうぶ毛を擦り切らさない配慮をすることを思い付いたこ

*16
元々は回教徒を指すが、ナチス強制収容所内で人々が生きる意味をなくし、うなだれてじっと動かない姿が回教徒の祈りの様子を思わせたために呼ばれた言葉。

と自体がかなりすごいことなんです。同時期の著名な精神科医には誰一人持ちえなかった視点です。ですから小川さんの立場から読んで、中井久夫にギリガンとの共通点が非常に多いというご指摘は私も非常にうれしいですし、自分なりにもう一回見直してみようかなと思いました。

医療よりもケア《キュア》

横道　『100分de名著』や『現代思想』の中井久夫追悼特集を読んで、私は斎藤さんという人のことが、斎藤さんの既刊のどの本を読んだときよりも明確にわかったと感じられて、それが一番うれしかったです。キュアよりもケアだということが書かれているのもそうですし、偉そうな言い方で恐縮なのですが、斎藤さんの歩みの現状での小括にもなっている気がします。

ありがたいことに私は、精神医学に関するいかなる専門的訓練も受けていないのに、最近は精神科医の研究会や学会などに、講演者として呼ばれるようになってきました。そのおかげで、精神科医の方たちの研究発表を聞く機会も出てきたのですが、多くの場合、それらはどうすれば発達障害を治療できるのかということに焦点を当てている。でも、少なくともいまの医療技術では発達障害は治療できないじゃないですか。薬物による一時的な対症療法はあるけど、完治はありえないのが現在の医学。なのに、こうすれば治療できる可能性が生まれるかもしれないといった議論がやたら多いので、当事者の私からすると、非常にむなしいんです。もうちょっと精神医療も福祉的な発想を、つまりケアの発想を持ってほしい。私たち当事者――精神科医から見れば患者――のウェルビーイング（幸福感）とかQOL（生活の質）を、精神科医療の関心の中心に置いていただけないかなと思います。その点で、斎藤さんは本当に信頼できる精神科医だと思っています。『現代思想』で松本俊彦さんが、中井久夫さんはハームリダクション[*17]の発想も先取りしていたと書いていて、感動しました。私も依存症的な傾向にまみれた人生を歩んできたので、完全な断酒というのは難しいし、それをめざすと失敗しかなかったんですが、でもハームリダクションの発想を取るなら、極論すれば「死ななければOK」、「以前よりはましだからOK」、「多少依存している程度ならOK」と考えれば良いので、希望を持って人生を歩んでいけます。そういうケアの発想が、精神医療にもどんどん広まっていってほしいのです。斎藤さんや松本俊彦さんには、ぜひ今後も末長くご活躍されることを願います。

さきほどジュディス・ハーマンの話がありましたが、私は複雑性PTSDという概念に救われたひとりです。私の診断はASDとADHDですが、自己診断と

＊17　嗜癖・依存症などをただちにやめることができないとき、その行動に伴う害や危険をできるかぎり少なくすることを目的としてとられる、公衆衛生上の実践、指針、政策。

しては複雑性ＰＴＳＤもあると考えています。この概念が国内で知られていたおかげで、多くの手がかりを得ることができました。複雑性ＰＴＳＤはまだＤＳＭ－５には入っていませんが、ＩＣＤ－11には入りましたね。私には宗教二世としての側面もあって、その精神状態の問題にしても、おおむね複雑性ＰＴＳＤが説明してくれると思っています。『みんなの宗教2世問題』では、「宗教的トラウマ症候群」（Religious Trauma Syndrome）という日本ではまだ知られていない概念を紹介しましたが、それも基本的には複雑性ＰＴＳＤの類型として位置づけられると思っています。

斎藤さんの中井久夫に関する解説で、従来の精神病理が普遍症候群と文化依存症候群という二つのカテゴリーに分類されていたところに個人症候群[*18]という新たな分類を加えたということが書かれていましたね。これは、とても勉強になりました。ＤＳＭなんかも精神医学の標準的な価値観として学習されるものの、そういうのとは異なる医療的思考があってもいいと気づかせてくれます。

『「自傷的自己愛」の精神分析』に関しては、私の初読の感想はどちらかというと否定的でした。近年、愛着障害という概念が流行しています。私はアダルトチルドレンの自助グループもやっていて、非常に多くの参加者がこの概念に言及するのですが、しばしば、恋愛論や愛情論が混在した怪しげな「愛着」論を頻繁に

＊18　全世界に共通するような普遍的診断概念のもとで分類された疾患が「普遍症候群」、特定の地域や文化に深く関係する疾患が「文化依存症候群」とされるのに対し、中井はある一人の個人に一回きりしか現れない疾患を「個人症候群」とした。

耳にします。だから、斎藤さんの本に彼らの怪しげな論が重なってしまったのですが、さっきの中井久夫的なあり方を引きつごうとしている結果かな、と思いいたって、そうしたら納得できました。つまり文化依存症候群へのアプローチですよね。

斎藤さんの『100分de名著』の中には、『分裂病と人類』(中井、二〇一三)に関する解説があり、病跡学が引き合いにだされていて、そこにも気づきがありました。病跡学というのは、精神科医が過去の偉人の成育歴や作品を手掛かりとして、夏目漱石には双極症の傾向があったとか、太宰治は境界性パーソナリティ症だったとか、本人の診察もせずに一方的に分析していく学問なので、私には傲慢で権威主義的な学問分野だと思えて、あまり快く思っていませんでした。本業が文学研究者ですから、とりわけそういうやり口は、グロテスクに見えたのです。斎藤さんに誘われて日本病跡学会に入ったときも、内心では抵抗感が大きかった(笑)。

でも、『100分de名著』で、病跡学というのは病気の復権だと書かれてあって、「そうだったのか」と初めて理解できました。通常はネガティヴにしか見られていない精神疾患を、天才性の根拠として価値転換する。精神疾患のスティグマと戦うすばらしい学問だったんだと知りました。とはいえ、病跡学って一般的にも私と同じような誤解をしている人が多いんじゃないでしょうか。過去の天才に「何とか障害」とか「何とか症候群」とかのスティグマを与えるものと見られている。今後、変わっていくと良いですね。

斎藤　病跡学に関して、そういう傾向があるのは確かに事実です。古いタイプの病跡学では今の診断基準に強引に当てはめて、当たっているかどうか分からない診断を下して悦に入るようなネガティブなイメージがあるでしょう。しかし、最近私たちが進めている一つの流れとして、パトグラフィーからサルトグラフィーへの転換があります。これは天才や傑出人の病理ではなく健康さに注目しようというものです。例えば横道さんであれば、それほど多くの当事者性を持ちながら大学教員として見事に多産的な生活を送ってらっしゃる秘訣は何なのか。

横道　ふだんあまり口外しませんが、実は私は職場で多面的に合理的配慮を受けているんです。同僚たちによる理解の恩恵によって、私の現状があります。

斎藤　でも、それも含めてすごく大事なことじゃないですか。どういう配慮を受ければよいかということも含めて知ることは、多くの当事者の役に立つ情報になると思います。そういったことも今後の病跡学では取り上げていけると考えています。昔からよく言われるのは、創造行為自体が症状の等価物であって、発症する代わりに作品を創ったという見方です。ジョイス（James Joyce）なんかが典型とされています。それに対して、S親和者の世直し型や執着気質の立て直し型みたいな、病の社会的・歴史的価値を問い直すという方向性は、これも中井さんが先駆的に構想していたことじゃないかと思っています。

中井さん自身は、今申し上げたように、病跡学は治療の役に立つということを一貫して主張しておられました。どうすれば発病しなくて済むか考えるための「不発病の理論」だと。実にさまざまな分野で先取り的な発想の多い人でした。

横のつながりとしてのケア――社会関係資本《ソーシャルキャピタル》

小川 『100分de名著』の中で、治療集団に関する話題が自助グループと結び付くところありますす（同書、第3回「多層的な文化が「病」を包む」）。私は他人同士がグループになって対話をするものってあまり長続きしないのではないかと思っていましたが、斎藤さんはそうではないとされています。「その目標を達成した対人関係の場は消失する傾向にあるというサリヴァン（Harry S. Sullivan）の法則に従って消失してしかるべきである」、また、「しかし存続させた力というのもある」と書かれている。この記述は横道さんが、今、複数の自助グループを運営されていることと関連があるんじゃないかと思いました。
それから、斎藤さんは家族ではない関係性としての友人集団が大事だと書かれています。新海誠さんの映画には疑似家族が必ず出てきますよね。恋人同士でもない、いとこでもない、家族でもないよく分からない関係です。『天気の子』という作品では非常に家族的な関係性なのですが、家出少年の帆高が須賀圭介という編集プロダクションを営む人物に拾われて一緒に暮らしたり——そういうものに現代の若者たちが共感しているのは、おそらくそういう結びつきに飢えているからかなと思います。斎藤さんの本には、「思春期以降はむしろ家族以外の人との関係のほうが重要なのだろう」とも書かれていて、私もそのとおりだと思いました。家族だと逃げ場がないんですよ。

ここで毒親という言葉を使って説明されているのは、いい母親を偽装しているものです。特に娘は、母親にそこまでいろんなことをしてもらったら、罪悪感で母親のために生きなければいけないと思ってしまう。この話は中井久夫の話とつながってくるように思います。つまり、抑圧というものにわれわれ現代人はどう対峙していけばいいのか、どういうふうに生きていけばいいのか。そういったことをとても真剣に考えていた人という印象です。

斎藤　仲間の大事さについては、中井久夫以上にこれを論じた人がいないと思います。サリヴァンにはチャムシップ[*19]に関する言及があり、中井さんはサリヴァンの主たる翻訳者ですから、もちろん多大な影響を受けているはずで、サリヴァン

*19　サリヴァンが唱えた、前思春期に見られる、仲間集団の中で児童期までの人格形成上の歪みを修正させていく重要な関係性。

の日本への応用とも考えられます。小川さんが指摘されたエピソードは『治療文化論』で紹介されたものですが、この話はおそらく、中井さん自身の友人関係の経験にもとづいた事例として書かれているはずです。ですから、奇妙に生々しい描写があったり、内側からしか把握できないような交友関係の機微が詳しく書かれていたりします。われわれ精神科医も患者さんの現病歴とか家族歴は必ず聞くようにしていますが、友人歴について詳しく聞くことはほとんどありません。本当は大事なはずなんですが、慣例としてあまり聞かない。ひきこもり事例などでは、対人面でどういうつながりやリソースを持っているかがとても重要な情報なのですが、一般的な精神医療にはあまり重視されていないのです。この横のつながり、まさに社会関係資本《ソーシャルキャピタル》がいかに相互扶助のネットワークとして重要であるかが問われているわけです。

それが今、小川さんがおっしゃったように二極化している。人的リソースに非常に恵まれている若者がいる一方で、まったくそれが欠けてしまっている人がいる。中間がなかなかいないのです。小川さんのおっしゃったように、新海さんの映画の需要は、中間のほどよい関係を活用して生きる若者が描かれていることが大きいようですね。そうした関係性の多様な在り方について、中井は昔からエッセイなどにもよく書かれています。このような点を踏まえると、中井は自身の家庭については奇妙なほど書いていないことに気付きますね。祖父や父親はたまに出てきますが、母親や妻子について書いた文章はとても少ないように思います。余計な解釈は控えておきますが、何か象徴的ですね。

抑圧ということについて、中井にはまさにケアの発想が根底にあるせいか、何が人を抑圧するかということに関して、非常に敏感な感性を持っていました。特に、権利とか自由とかではなく尊厳を侵すことに対する場合です。他者に対するとき、できるだけ相手の尊厳を大事にするように言葉を工夫することを大事にしていました。中井はエッセイに、米英の国旗を焼こうとした子どもを叱って「一国の尊敬を集めているものを侮辱してはならない」と止めさせた教師の毅然とした姿に「ふるえるような感動」を覚えたと記していますが、こういうところに芯があるんだなと感じた記憶があります。

小川　リアルに中井さんの人生とリンクしていて、印象的なお話ですね。

斎藤　そうですね。ご自身の傷つき体験もベースにあると思いますけれど、それがこれほど適切に他者への配慮に結び付く人は稀有だと思います。

自閉症と統合失調症②——自明性の欠如について

横道　私は自閉症的なアニメーターとして、まずは初代『ガンダム』の富野由悠季と、『エヴァンゲリオン』の庵野秀明と、さきほど話題になっていた新海誠を挙げたいです。自分が診断を受けたあとで彼らの作品を観なおしていると、三人がそれぞれ「共同体」の問題と苦闘している様子が、面白い。いつも「フーム、なるほど」と感心したり、「そうきたか」とニヤニヤしながら楽しんでいます。

小川　私もその三人、みんな好きです。

斎藤　庵野さんは自閉症的なエピソードが多い方だと思いますが、新海誠もそう見られますか。

横道　庵野秀明はドキュメンタリー映像を見ても、特性があらわな印象ですよね。それから九〇年代末にエヴァのブームだった頃に、庵野さんは統合失調症ではないだろうかという議論がありました。さっきの論理でいくと、あのころ統合失調症を疑われていたということは、いまは発達障害ということになる可能性が高いのではないかなと思います。新海誠の特性はそんなに濃くないかもしれません。彼の村上春樹を愛好する心理はわがことのように思いますけど。

斎藤　そうですね。庵野さん本人は統合失調症になりたかった、憧れがあったんですよ。

横道　その心理、すごく分かります。周りからいつも「変わっているね」って言われて、自分でも自分が「ふつうの人」とは思えないのに、発達障害に関する言説がほとんどなかった時代を生きていたから、自分が何者なのかわからず、途方に暮れていました。それで当時、言説が豊富だった統合失調症が気掛かりになったのです。でも統合失調症について知っていくと、結局、自分はこれでもないなと、またクヨクヨしたものです。

私が二十代前半だった時代は、自閉症や発達障害の言説が世にわっと溢れ出す直前でした。私は自分自身に困りきって、しきりに統合失調症に関する本を多読しました。自覚はなかったのですが、中井久夫の本も少しは読んでいたかもしれません。統合失調症的な幻聴も妄想も私にはいっさいありませんが、この精神疾患がどうにも自分に関係があるような気がしていました。やはり、かつての統合失調症の人たちは、しばしばＡＳＤの特性を持って生まれてきた人たちだったのかなあ……。

斎藤　この機会に長年疑問だったことを一つ質問させてください。私は今でも古いタイプの精神病理学を一部信奉しているところがあります。ブランケンブルク

(Wolfgang Blankenburg)の『自明性の喪失』(木村ほか訳、一九七八)という本に出てくるアンネ・ラウという事例について、現代の視点から見るとASDだったのだろうという指摘があるのですが、私は違うと思っているのです。どこが違うのかというと、まさに「自明性」の捉え方が違うと思っているのです。これから説明しますから、この私の主張が当たっているかどうか、横道さんに教えていただけたら嬉しい。

　アンネ・ラウという人は当たり前のことが分からないことでずっと悩んでいる。人がなぜあいさつをするのか、人がなぜご飯を食べるのか、そうした自明のことがさっぱり分からなくて常に困惑する。この困惑感を自閉症的と考えるのか、統合失調症的と考えるかというのが問題です。一方で、私がアンネと対で想定しているのが綾屋紗月さんです。綾屋さんの『発達障害当事者研究』(綾屋・熊谷、二〇〇八)の中にも、自明性の欠如に困惑するエピソードが出てきます。綾屋さんは、自分は空腹感が分からないから、何となく血糖値が下がってきた感じがするとか、おなかが締め付けられる気がするとか、そういう感覚で自分が空腹であることを理解しようとするのだそうです。空腹を放っておくと低血糖で仕事にならなくなるので、定時になったらご飯を食べに行く。そのルーティンを定着させることで、空腹感という自明性の欠如を代償しているわけですね。

私の考えでは、おそらくアンネ・ラウはそれができなかったんじゃないかと思うんですよ。つまりルーティンを決めて代償することで自明性の欠如を補い、安心を得るということができなかった。たとえそういうことを儀式化したとしても、ずーっと困惑感が取れなかったんじゃないかと思うんです。何をやっても困惑感が取れない統合失調症性の症状と、具体的にマニュアル化して対処すればある程度は困惑感を解消できる自閉症的な困惑感との違いが明確にあるんじゃないかというのが私の仮説です。横道さんとしてはいかがでしょう。

横道　それこそ両方あった可能性もあるんじゃないでしょうか。つまり、もともとASD者として生まれてきたけれど、ケアを受けられない体験が多く、統合失調症の症状が芽生えていたという可能性です。

斎藤　では、少し質問の仕方を変えて、もう一歩。ASDの方でも、この自明性の欠如に対する困惑感が何をやってもずっと続くということはありえるでしょうか。

横道　私はあると思います。内臓感覚での自明性の欠如が私にもあり、おなかがすいたとかいうことがなかなか分からないんですよ。発達界隈の仲間たちもあまり食べることをせず、気が付いたらエネルギー切れで動けなくなっている、なんてことがよくある。私はその経験を重ねた結果、食べすぎる人になりました。動けなくなることを危惧するあまり、もとは少食で痩せ型だったのに、いつからか食い溜めをするようになって、肥満への道を歩んだのです。過食の依存症もあったと思います。自分の身体感覚について、何がなんだか分からなくなるということが、ＡＳＤ者には強くあるんじゃないかな。そして、それはコーピング（対処法）によっても、決定的に解消するようなものではない気がします。いつも謎めいた不安感の中を生きていますから。

斎藤　横道さんの場合、分からなさを過食で代償したのだと思いますけれど、アンネ・ラウの場合は代償行為までいかず、ただひたすら困り続けるという感じに近いのかなと思っています。

横道　世の中に出回っているさまざまな知恵というのが、発達障害のことを想定していないので、それらのハウツーは参考にならないことが多いですよね。発達障害がブームになる前は、いま以上にそういう状況だったと思います。だから困っているけど、ほとんど対策できない状態のまま、何十年も経ってしまった仲間はたくさんいます。私の場合は、子どものころから研究者になりたくて、いろんなことに関して研究熱心だったから、いろんな独自のライフハックを開発しやすかった。当事者研究という概念に出会う前から当事者研究者だったわけです。

斎藤　それですよ。そのライフハックを横道さんが困ってる人に伝授してあげると、その悩みは消えるかもしれませんよね。

横道　私は少食に対処して過食になってしまいましたし、そういう失敗は山ほどありますから、偉そうに伝授はできません。でも、それでも「私の場合はこうだった」という事例の報告が、自助グループで感動されることは頻繁にあります。もちろん私の体験談だけでなく、どの参加者の体験談も感動を与えます。第三者が聞いたら当たり前すぎて、「何がそんなにすごいの?」というような対処法だったりするんですけど、本人にとっては「そんな方法があったのか。誰も教えてくれなかった」と画期的に響く。しかし、やはり人生が全面的にポジティブな方向に転回する、といった劇的なことは起こらない。

斎藤　分かりました。自明性の欠如に対して、ライフハックによって対応できるかどうかということについて、勉強になりました。

女性的な罪悪感

小川　『「自傷的自己愛」の精神分析』の中で、私にとって特に面白かったのは、先ほどの母子関係の話で、息子よりも娘のほうが罪悪感を感じやすいというところです。これもケアの倫理の理論で説明できるのではないかと思いました。

斎藤　そう思います。同感です。

小川　男性の場合は分離に基づいてアイデンティティを形成していくから、母親が例えば一所懸命何かをやってもそれほど罪悪感を感じないというところ、とても納得しました。他方、女性は自分も家事などを手伝わなくてはという思いが強く、しなければ罪悪感を抱えてしまう。ギリガンはそこまで議論しない人で、毒親の話もしないですから、罪悪感の話はすごく重要だと思いました。

ギリガンは、妊娠した女性たちがなぜ中絶を選ぶのか、あるいは選ばないのかについて研究しています。これについてギリガンが彼女たちからヒアリングすればするほど、何も悪いことをしていないのに、胎児を自分の人生のために犠牲にするとか、あるいは子どもができたばっかりに付き合っていた男性に捨てられる状況に追いこまれたり、将来に不安を抱いたりするケースが多いことが示されます。本当に妊娠・出産の問題ってとても大事なんだと思いました。これを論点にしたギリガンの洞察は凄いですね。なぜ女性は罪悪感を抱え込んでしまうのかを説明するために、そういう究極の問いを突き付けて女性に話させるあたりはとても面白かったです。

あともう一点、私が斎藤さんのご著書で注目したのは、優生思想について触れている箇所です。斎藤さんは、ナチスなどの直接的な人種差別ではなくても、生

きる価値がない人間が存在するという考え方そのものが優生思想だとされていま
す。優生思想というと、どうしても人種差別の問題だと思われがちですが、人
種がどうあれ、この人は生きている価値がないと思った瞬間、そこには優性思
想が働いているのですね。それを読みながら、『罪と罰』（工藤訳、一九八七）の主人
公、ラスコーリニコフのことを思い出しました。彼が最初に老女を殺してしまう
場面は、一般的には言われていないけれど、優生思想なのではないかと思うんで
す。つまり、彼はエリートで有名大学の学生であり、金貸しの老婆には何の価値
もないと思って殺してしまうのです。ソーニャというケアの倫理を体現する人物
との出会いによって、彼はそれが悪いことだということに気付いていきます。ラ
スコーリニコフの話は、実はキャロル・ギリガンが例として挙げていて、それが
つながったように思いました。斎藤さんがおっしゃっていた優生思想の話は、ギ
リガンにとっても重要な話だったのです。ギリガンの『もうひとつの声で』（川本
ほか訳、二〇二二）には、どうしても女性のラスコーリニコフ的なものを抱え込む例
として、ドストエフスキーの話が挙げられています。本質主義では、つい、自分
は女だから、あの人は男だからと考えられがちですが、女性の中にも男性性を取
り込んでラスコーリニコフ的に考えてしまうことがあるのだと思います。

ギリガンのケアの倫理で一番重要だと感じるのは、性別に関係なく男性性みた

いなもの――優生思想を内面化する人をジャッジしているところにあります。ギリガンはラスコーリニコフを例に挙げ、妊娠・中絶するときの女性が、男性の立場と強さを意識し過ぎて、ラスコーリニコフと同じように中絶したっていいんだと、何も迷いなく自信を持って中絶する女性について、「傲慢な考え」だと言っています。このように傲慢な考えは必ずしも男性のものではないのです。斎藤さんの本の中では明言されていませんが、男女関係なくそういう思想を持つことの是非みたいなことについて書かれている、ケアの倫理的なアプローチなのではないかと思いました。

斎藤　ありがとうございます。重要なご指摘をいただきました。私も本質主義ではありませんけど、男性と女性の間にどうしても埋められない断絶を感じるのは、まさに罪悪感の多寡という問題で、この点で私を含むすべての男性は女性にかなわないように思います。身体感覚のレベルで感知されてしまう罪悪感については、ほとんどの男性は想像もつかないでしょう。ただ、こうした罪悪感もケアの倫理の大事な要素かもしれないと考えています。弱っている人を前にしたら、反射的に身体が動いてしまうような、そういった感覚を受け取れない男性は、どうしてもケアといっても頭で考えたケアになってしまうのではないでしょうか。では、どうしたら女性レベルの罪悪感も含めたケアの倫理を身に付けられるか。ここには容易には解決できないギャップがあると思います。ただ、ケアの倫理にも副作用がないわけではないと考えていて、それがゆきすぎれば依存症のイネイブラーになってしまったり、ヤングケアラーの問題につながったりする側面はあるでしょう。現実問題としてはバランスということを考えざるをえません。

話を戻すと、そういう身体感覚は遺伝子レベルで決まっているのではなく、生育歴の問題だろうと思います。女性が女性らしく育てられる経験の中で、関係性に対して男性以上に敏感になったり、あるいは母娘関係の中で罪悪感をインストールされるという場面は多々あると思うんですけど、母と息子の中ではそれがほぼ起こらないのです。息子は母からどれだけ尽くされても、頭では感謝しても罪悪感は感じない。そういう鈍感さを身に付けて成長していくわけですね。女性はそうはいかない。こういうギャップは、ケアを考える場合にも大事な視点なんじゃないでしょうか。

中絶の話も確かに大事な論点ですね。中絶の是非に関してはケアの倫理の臨界点といいますか、正義の倫理とのちょうど境界線上にあるような問題ですね。ちなみに日本の産婦人科業界において中絶の技術が非常に遅れているということは有名な話で、いまだにリスクが高い掻爬術《そうはじゅつ》を続けている医師が多いんですね。吸引法とかもっと安全な方法があり、最近は経口中絶薬も認可されましたから、以前よりは少しましな状況になりつつあると思いますが、中絶薬も値段が異常に高額だったり（海外平均の百倍以上）、どうしても女性に負担を強いる傾向があります。なぜ女性が不当な現実、不当な負担を抗議もせずに引き受けてしまうのか、その根本にあるのは、やっぱり罪悪感だと思うんですよ。中絶を選んでしまった罪悪感を、高額なお金を払うことで埋めている。

水子供養[20]という昭和以降に広がった風習がありますね。歴史の浅い、奇妙な風習ですが、これも女性の罪悪感につけ込んだ商法だと考えられます。フェミニズムが盛んになっても、周産期医療だけは治外法権であるかのように、あまり批判されずに残ってしまっている。この状況において、ケアの倫理がひょっとしたら悪い副作用をもたらしている可能性もあるのだろうかと考えてしまうところがあります。ぜひ今後考えを深めていきたいテーマです。

小川　中井さんがおっしゃるような病になることの可能性ですね。男性であっても強者ではなくなったところに弱さが芽生えていく。斎藤さんは双極症の坂口恭平さんを例に挙げて、絶望したときほど書けることやそのクリエイティビティについて書かれていて、ウルフも双極症だったことから親和性があると思いました。『「自傷的自己愛」の精神分析』は、強いことが美化される社会で、弱さやヴァルネラブルであることの価値をことほいでいるように感じました。

＊20　流産や人工妊娠中絶により死亡した胎児を供養すること。

斎藤　ありがとうございます。うれしい読みですね。

横道　私は先ほど話題にしたとおり、母娘問題の変形版のような仕方で母息子問題を体験したという自覚があるので、その方向に関する議論が世間でもっと増えると良いなと思っています。フェミニストたちもその方面の議論には、割と淡白な気がしますから。『みんなの宗教2世問題』で、斎藤さんにお話したテーマでもあります。

自閉症とセクシュアリティ

斎藤　横道さんの新刊がたくさんありますが、ここでは『ひとつにならない』（二〇二三）を読者に推したいと思います。以前から発達障害、特にASD系の人はアセクシュアルになりやすいということが言われていました。しかしこの本を読むと、必ずしもアセクシュアルばかりではなく、ノンバイナリーを含むいろいろな多様性にセクシュアリティが開かれていくということがリアルに伝わってきて非常に面白かったです。もちろん横道さん自身の話も面白いのですが、多くの人のインタビューが載っていてとても勉強になりました。

横道　ありがとうございます。発達障害とジェンダーやセクシュアリティに関する議論には、ブルーオーシャンが広がっていそうですね。基本的には、発達障害があると自我が不安定な傾向がありますから、ジェンダーやセクシュアリティも揺らぎやすいのだと思います。ASDには白黒はっきりさせなければ気が済まない人も多いですから、同じ性的少数者であっても、定型発達であれば秘匿する傾向にあるところを、発達障害だと、いちいち言いたがってしまう事情もあるかもしれません。もちろん、LGBTのコミュニティに行くと、発達障害者ばかりとは言えず、定型発達者が圧倒的に多いと感じますが、一般社会よりは発達障害者の割合が少し高くなるように思います。学術的エビデンスはなく、私の個人的体感ですが、発達障害のダイバーシティと、LGBTのダイバーシティが部分的に重なっているということです。

それから、私は三島由紀夫、大江健三郎、村上春樹などにみられる性に関する自己開示癖にとても共感し、自分でもその学びを実践に活かしています。みっともないと感じる読者がいることはもちろん想像がつきますが、おそらく私のやり方から勇気をもらう人もいると思うのです。いわゆる露出狂とは別だと考えています。

小川　私も『ひとつにならない』、読みました。私が特に面白かったのは、第2章の青さんのところです。女ったらしだけど非モテになったりする、両極を行ったり来たりするキャラクターはとても魅力的に感じます。ここで横道さんがご自身の体験を差し挟み、「思春期の頃の性的興奮は漫画やアニメのキャラクターにしか向かなかった」と。二次元の世界で行う恋愛という話ですね。私も幼少期にリボンの騎士[*21]に憧れていました。少女漫画に没頭するということは村田沙耶香さんの世界が思い浮かびます。少し関連があるところで、村田沙耶香さんの『消滅世界』の話をしてもいいですか。

斎藤　あの作品は素晴らしいですね。文庫版の解説を書かせていただきました。

小川　あの作品はディストピア的なSF世界で、恋愛がタブー視され、夫婦間でも恋愛してはいけない。セックスもしちゃいけない。そんななか、主人公の雨音《あまね》は恋愛してセックスした両親から生まれた特異な状況にいます。だからなのか分かりませんが、雨音はちょっと妄想癖があって、二次元の世界に恋愛を求めていく。私は子どものころにそういう経験がありましたが、大人になってからはどちらかというと生身の人間のほうに興味を持つようになりました。二次元世界の恋愛という感覚について、横道さんはいかがでしょう。果たして共感されるのかどうか、伺ってみたいと思いました。

横道　私はもちろん村田沙耶香さんの熱心なファンなので、作品はほとんどすべて読みました。毎回趣向は変えているけれど、多くの作品から共通して感じられる

＊21
手塚治虫による少女漫画作品。および、それを原作とする作品群。

ある種の納得感のようなものを味わっています。雑誌に載っているインタビューや対談もかなり読んでいますけど、村田さんには、ぜひとも私がやっている発達障害者向けの自助グループに参加してほしい。生きやすさが増すのではないかと思います。

小川　ご本人は自覚してないわけじゃないようですけど、なにかの媒体のインタビューで発達障害だと考えたことはなかったとおっしゃっていたと思います。

横道　『コンビニ人間』が大成功して、海外にも輸出されて英米の研究者から、これは自閉症の話ですよと指摘されてびっくりしたということを、何かのイベントの動画でおっしゃっていたのを拝見したことがあります。

小川　私にも発達障害的な部分があるとしたら、二次元の世界に没頭できる能力の部分だと思います。でも、そもそも文学する人は人生のほとんどを文学の世界で生きていると言ってもよいかもしれません。だから、私のこの性質が文学研究者に特異なものなのか発達障害的なものなのか曖昧に感じます。

横道　さきほど斎藤さんが、発達障害と定型発達の線引きが本来的に存在せず、凸凹の程度がひどければ診断されるだけとおっしゃっていた点に、私はまったく同意見です。ＡＤＨＤ的な物忘れとか、ＡＳＤ的な何かへの異様なこだわりとか、部分的には誰にでもあるじゃないですか。平均的な頻度を大きく超えて忘れっぽいとか、かなり奇怪に見えるポイントでこだわるという場合に、診断されるだけです。私の実感から言うと、文学研究者では、たぶん十人いたら三人ぐらいは発達障害の特性が濃厚な気がします。

小川　結構多いですね（笑）。

横道　うつ病、双極症、社交不安症、適応反応症などの二次障害を罹患して、休職などに至ったら、「じゃあ発達検査をしましょうか」となって、「基礎的な原因は発達障害ですね」と診断される仕組みです。

思えば私が斎藤さんの本を初めて読んだのはまだ大学生のころで、『戦闘美少女の精神分析』（斎藤、二〇〇〇）でした。ジャケットが村上隆の美少女フィギュアで、村上さんの立体作品にしてはデフォルメが控えめで、可憐でエロティックに思えました。私はマンガやアニメのキャラクターでないと欲情できなかった時期が長かったのですが、『ひとつにならない』でインタビューしたぷるもさんという仲間から、そういうのを「フィクトセクシュアル」[*22]ということを教わりました。いわゆるオタクと呼ばれる人に、非常にしばしば見られます。

また、オタクにはASDの特性が強い人が多いと思いますが、コミケやアニメグッズ店で観察していると、やはり全員がそうってわけでもなさそうだなとも思います。文学研究者ももちろんそうですね。「文学以外ではアニメが好き」という

＊22　架空のキャラクターへ性的に惹かれるセクシュアリティ。

ようなタイプの文学研究者に出会うと、十中八九ASDなんじゃないか、なんて思ってますけど。

小川　『ひとつにならない』には、実に共感するところが多かったです。自分がノンバイナリー的な指向を持っていることを実感しました。『ケアの倫理とエンパワメント』（小川、二〇二一）の中で、ケアの倫理というものが両性具有的だと書いたのですが、おそらく、そういう気質が発達障害を持っている人に多いのでしょうし、自分にもそういう部分が他の人よりやや多いのかもしれません。ケアの倫理に関心を持つ人は、百パーセントでないにせよ、どこかで両性具有的な性質があるのだろうと思います。中井久夫さんのように、マッチョであることや権威主義であること、パターナリズムといったものに抵抗を覚えることは両性具有的な感覚なのかなと思います。

＊

横道　今回の鼎談の中で、おそらく私と中井さんは少し似た心の軌跡を辿ったのかなと感じました。発達障害の概念が昔は一般的じゃなかったために、私が熱心に統合失調症の本を読んでいたのと同じように、また私が現在いろんな自助グループを運営して、当事者間の互助活動に入れこんでいるような具合で、おそらく発達障害の特性が強かった中井さんも統合失調症の問題を他人事とは思えず、かつてきわめて強力なスティグマを付与されていたこの精神疾患との格闘にのめりこんだのではないかと思います。自分がこんなに生きづらいのに、どこか自分に通じる人たちが、もっと生きづらい状況にあるという事実に、打ちのめされたのではないかと。

小川　他者に寄り添っていますよね。自分のことのように思う能力が高い方だったのだと思います。

『ひとつにならない』の第5章で唯さんが充実した恋愛をしているときに寂しそうな文章を書かれていて、とても文学的だと思いました。お気に入りの一節なので、少しだけ読んでいいですか。

「私には一度もなかった。唯さんは今あの喜びを全身で味わっているのだと考えると、私の心はどこでもない場所にさらわれていきながら砂塵になって散りそうだった」

横道　恥ずかしいかぎりですけれども、ありがとうございます。私は『イスタンブールで青に溺れる』で、自分の文体を「廃墟の文体」[*23]と名づけましたが、どこかのウェブサイトで私の本へのレビューを読んでいたら、「この人の文体は村上春樹をセンチメンタルにした感じ」と書かれていました（笑）。やはり大昔の少女マンガが精神形成の主柱にあるからかな。自分では村上と大江の文体を悪魔合体させた上で、廃墟化させたイメージです。私は、春樹さんはASDグレーゾーンだと思っていますから、いろいろ参考になると思い、積極的に影響を受けようとしています。

小川　確かに、村上春樹的だと思いました。文章を読ませますよね。とても面白かったです。

横道　他者とのつながりに飢えてきた結果です。私がしゃべるとしゃべりすぎだと、黙ると黙りすぎだと思われてしまうので、話し言葉がダメなら書き言葉で他者と結ばれたいという思いが強く、そうやってもがいてきた人生だと思います。

＊23　横道氏は、同書のローマ遺跡を巡る旅行記の中で、自身の書くものが読むものと比較して巧みでないと感じ、このように称した。

文献

ジョルジョ・アガンベン［上村忠男、廣石正和＝訳］（二〇〇一）『アウシュヴィッツの残りのもの――アルシーヴと証人』月曜社

トム・アンデルセン［鈴木浩二＝訳］（二〇一五）『リフレクティング・プロセス（新装版）――会話における会話と会話』金剛出版

浅田彰（一九八六）『逃走論――スキゾ・キッズの冒険』筑摩書房

綾屋紗月、熊谷晋一郎（二〇〇八）『発達障害当事者研究――ゆっくりていねいにつながりたい』医学書院

ヴォルフガング・ブランケンブルク［木村敏、岡本進、島弘嗣＝訳］（一九七八）『自明性の喪失――分裂病の現象学』みすず書房

チョ・ナムジュ［斎藤真理子＝訳］（二〇一八）『82年生まれ、キム・ジヨン』筑摩書房

ジル・ドゥルーズ、フェリックス・ガタリ［宇野邦一＝訳］（二〇〇六）『アンチ・オイディプス――資本主義と分裂症（上・下）』河出書房新社

オルナ・ドーナト［鹿田昌美＝訳］（二〇二二）『母親になって後悔してる』新潮社

フョードル・ドストエフスキー［工藤精一郎＝訳］（一九八七）『罪と罰〈上・下〉』新潮社

キャロル・ギリガン［川本隆史、山辺恵理子、米典子＝訳］（二〇二二）『もうひとつの声で――心理学の理論とケアの倫理』風行社、三〇〇頁

ジュディス・L・ハーマン［中井久夫＝訳］（一九九九）『心的外傷と回復　増補版』みすず書房

岩川ありさ（二〇二二）『物語とトラウマ――クィア・フェミニズム批評の可能性』青土社

小島基洋、山﨑眞紀子、髙橋龍夫、横道誠＝編（二〇二二）『我々の星のハルキ・ムラカミ文学――惑星的思考と日本的思考』彩流社

宮坂道夫（二〇二〇）『対話と承認のケア』医学書院

村澤真保呂、村澤和多里（二〇一八）『中井久夫との対話――生命、こころ、

世界』河出書房新社
村田沙耶香（二〇一五）『消滅世界』河出書房新社
村田沙耶香（二〇一六）『コンビニ人間』文藝春秋
中井久夫（一九九〇）『治療文化論――精神医学的再構築の試み』岩波書店
中井久夫（二〇一〇）『日本の医者』日本評論社
中井久夫（二〇一三）『新版 分裂病と人類』東京大学出版会
中井久夫（二〇一八）『いじめの政治学 中井久夫集6（1996-1998）』みすず書房
小川公代（二〇二一）『ケアの倫理とエンパワメント』講談社
小川公代（二〇二三）『ケアする惑星』講談社
小川公代、村田真一、吉村和明＝編（二〇一七）『文学とアダプテーション――ヨーロッパの文化的変容』春風社
小川公代、吉村和明＝編（二〇二一）『文学とアダプテーションⅡ――ヨーロッパの古典を読む』春風社
大江健三郎（一九九七―一九九八）『燃えあがる緑の木（第一部―第三部）』新潮社
大江健三郎（二〇一〇）『美しいアナベル・リイ』新潮社
斎藤環（二〇〇〇）『戦闘美少女の精神分析』太田出版
斎藤環（二〇二二）『「自傷的自己愛」の精神分析』ＫＡＤＯＫＡＷＡ
斎藤環（二〇二二）『１００分de名著 中井久夫スペシャル』ＮＨＫ出版
斎藤環＋東畑開人（二〇二二）「討議Ⅱ 文化と臨床――あるいは中井久夫の原理主義なき継承のために」、『現代思想臨時増刊号 総特集・中井久夫 1934-2022』青土社
多和田葉子（二〇〇二）『容疑者の夜行列車』青土社
宇佐美りん（二〇二〇）『推し、燃ゆ』河出書房新社
ヴァージニア・ウルフ［森山恵＝訳］（二〇二一）『波〔新訳版〕』早川書房
Wordsworth, W.（2020）The Lucy Poems: Including an Excerpt from 'The Collected Writings of Thomas De Quincey'. Ragged Hand-Read & Co.
アラン・ヤング［中井久夫、大月康義、下地明友、辰野剛、内藤あかね＝訳］（二〇〇一）『ＰＴＳＤの医療人類学』みすず書房
横道誠（二〇二二）『ある大学教員の日常と非日常』晶文社
横道誠（二〇二二）『イスタンブールで青に溺れる――発達障害者の世界周航記』文藝春秋
横道誠（二〇二二）『唯が行く！――当事者研究とオープンダイアローグ奮闘記』金剛出版
横道誠（二〇二三）『ひとつにならない――発達障害者がセックスについて語ること』イースト・プレス
横道誠＝編 島薗進、信田さよ子、釈徹宗、中田考、沼田和也、江川紹子、斎藤環、鈴木エイト（二〇二三）『みんなの宗教2世問題』晶文社
矢原隆行＝著・訳、トム・アンデルセン（二〇二二）『トム・アンデルセン――会話哲学の軌跡』金剛出版

「当事者批評」のはじまり

頭木弘樹×斎藤環×横道誠

（構成＝斎藤哲也）

自身の病気を著書で徹底的に描いた頭木氏と横道氏、そして両者の仕事を「当事者批評」と名づけた斎藤氏が語る、文学と批評の新たな地平。

病跡学から当事者批評へ

斎藤　私は日本病跡学会の機関誌『日本病跡学雑誌』の編集を担当しています。ニーチェ（Friedrich Nietzsche）の「病者の光学」[*1]という言葉がありますが、病跡学という学問は、精神医学の方法論で天才や傑出人の創造性の秘密を説き明かそうというもので、いわば人間の本質に病のほうから迫ろうとするわけです。最近では見るかげもありませんが、一九七〇年代から八〇年代にかけてはかなり盛り上がった分野だったんですね。当時は統合失調症こそが真のクリエイターみたいなことがまことしやかに言われていた。私も持ち上げた一人ですけれども、カフカ（Franz Kafka）やムンク（Edvard Munch）、あるいはデヴィッド・リンチ（David Lynch）や漫画家の吉田戦車など、統合失調症的な印象を与える作品や作家が非常に高く評価されていました。

ただ、そうした風潮には、実は違和感もあったんですね。デヴィッド・リンチも吉田戦車も、本人はまったく病んでいないにもかかわらず――インタビュー資料などからの憶測ですが――精神科医から見ると、病んでいるとしか思えないような表現が成り立ってしまう。つまり、その人のキャラクターと作品との間に乖

＊1　病気があることが当事者の見識を深め、健常者にはもち得ない一種の見方がひらかれること。

離があるんですね。こうした事態を説明すべく、本人と作品、あるいは社会との関係性において作動する「病因論的ドライブ[*2]」という概念を提案したこともあります。それはともかく、二〇一〇年代に入ってからは、病気よりも健康があらためて注目されるようになり、病跡学からも「天才は病んでいると言うよりは、常人以上にタフなレジリエンスを有しているのではないか」という方向のアプローチが出てきました。この視点からは、創造こそが健康生成の秘訣、といった見方も可能になります。従来の病跡学を意味する「パトグラフィ」に対して、健康生成学的な病跡学は「サルトグラフィ」という名称を与えられています。

こうした従来の病跡学のアプローチを反転させたのが、横道さんの『みんな水の中』であり、私は書評の中でそれを「当事者批評」と呼びました。

当事者研究はいま、ちょっとしたブームと呼べるような勢いがあります。自分の病や問題をテーマにして、自分自身の病のメカニズムや主観的世界のありようを詳細に記述し、専門家の人々に対しても「そこは違う」と異議を申し立てていく。たとえば発達障害に対する誤解はとても多くて、横道さんも書かれているように、DSM（精神疾患の診断・統計マニュアル）の記述なんて患者の尊厳を傷つけるための言葉しか並んでいないようなところがあります。そこに異を唱える当事者発信が見直され、熊谷晋一郎さんのいる東大先端研の当事者研究の研究室を

＊2
斎藤氏は『思春期ポストモダン』（二〇〇七）の中で、個人、家族、社会にはっきりと指摘できるような病理がなくても、それぞれの「関係」により病理性をはらんでしまうことがあるとし、その関係要因を病因論的ドライブと名付けた。

中心に新たなムーブメントが巻き起こってきている。もともと当事者研究は、「べてるの家」の向谷地生良さんたちが始めた活動ですが、熊谷さんたちはそれをアカデミアのなかに定着させようとしているわけです。

そのさらに先を行こうとしているのが、当事者批評じゃないかと思っています。つまり、自分の内面や自分の行動に向けられていた視線、従来異常とされてきたような「発達特性」を、逆に作品解釈のための足場としつつ、その視点から作品とか思想をとらえ直そうとする。この点が非常に新鮮に感じたんです。『みんな水の中』が出た直後に発刊された、ラルフ・ジェームズ・サヴァリーズの『嗅ぐ文学、動く言葉、感じる読書』（岩坂訳、二〇二一）も発達障害の人々と一緒に文学作品を読んでいこうという試みですが、私は横道さんのほうが方法論的に先を行っているように感じました。たとえば発達障害者の視点から見ると、中動態の思想も日常的なモードとして解釈される。さまざまな文学作品も、定型発達的な脳を持つ我々には想像もつかないような視点から解釈されていて、もう病跡学は専門家が占有する時代じゃないだろうということを痛感しました。これからは当事者の人もどんどん参入してきて、当事者ならではの視点で議論を展開してもらったほうが、病跡学も豊かなものになる。もっと言えば「延命」できる（笑）。そういう新しい可能性が当事者批評という領域にはあると思ったわけです。

今回鼎談の機会をいただいて、遅ればせながら頭木さんの本『食べることと出すこと』（二〇二〇）も読ませていただきました。こちらは主として身体疾患に照準した視点から文学作品を読み解いていくものです。精神医学は身体を軽視する傾向が強いだけに、教えられたことがたくさんありました。頭木さんが書かれているように、健康な人の身体って透明なんですよね。特に健康な男性は、自分の身体をほとんど意識することがない。女性は月経のほか、便秘、頭痛といった不定愁訴を頻繁に抱えているので身体意識が高いんですが、健康な男性ほど身体は透明化している。両者では、そこから出てくる思想もずいぶん違うだろうということを想像しました。

とりわけ感銘を受けたのが痛みに関する記述です。痛みって一番共感が難しい感覚だと思うんです。どれほど共感性が高い人でも、身体の特殊な痛みに関してはなかなか理解が及ばず、だからこそそこで分かり合えると、非常に高い共感が一気に発生したりする。手術の痛みを共有した男性と涙ながらに語り合う話は、非常に印象的でしたね。

そういった感覚のありようは、病を経験するだけではなく、ブラック企業で休む暇なく年中病んでいるという状況も照らし出しています。そんなふうにお二人の本からは、これこそが本来の「病者の光学」といいますか、当事者の視点からじゃないと見えない思想や文学があることを、あらためて教わった感じがします。

横道　ありがとうございます。斎藤さんが書評で『みんな水の中』（横道、二〇二一）を「当事者批評」と評してくれたことに感動しました。当事者批評というものが生まれるまでの経緯を私なりに整理すると、まず二〇世紀が終わって二一世紀に入る頃に――私は文学部の学生だったので、リアルタイムでは知らなかったんですが――、「当事者主義」という言葉がけっこう流行ったようです。そして二〇〇一年から、斎藤さんが紹介されたように、北海道浦河べてるの家で当事者研究が始まりました。

当事者研究では、何かの障害や疾患の持ち主が、ミーティングなどで仲間の力を借りながら自分で自分のことを研究する。自分が抱えている苦労や困難のメカニズムを理解し、そのことによって生きやすい状況を考えていくわけです。

これまで文学的な世界からはあまり注目されてきませんでしたが、当事者研究って実はすごく文学的なことだと思うんです。というのも、当事者研究は、医学的診断が出発点になっていますが、それから半ば離れたり、それを超えたりして、自分にとって固有で一回的な現実をえぐり出していく営みだからです。物事を固有で一回的なものとして取り出していくのは、文学や芸術の決定的なポイントであり、それを自分の精神や身体でやっているのが当事者研究なんですよね。

当事者研究の本をたくさん出して世に広めた、医学書院の編集者の白石正明さんは、おそらくそういう文学性にピンと来ていたのかもしれません。実際、熊谷晋一郎さんと綾屋紗月さんの共著『発達障害当事者研究』（二〇〇八）や熊谷さんの単著『リハビリの夜』（二〇〇九）は、どちらもポエティックなんですね。二冊とも文学的な評価はあまりなされていない気がするんですけれども、熊谷さんは切れ味のよい理論家であると同時に、詩人哲学者という雰囲気もある。ちょっとハイデガーっぽくて、自分独自の詩的な言葉を使いながら、固有の世界観を立ち上げていくことができる人です。

この二冊は二〇〇〇年代の本ですが、二〇一〇年代に入って、白石さんが頭木さんに『食べることと出すこと』の依頼をしました。頭木さんは『絶望名人カフカの人生論』という本ですでにブレイクしていたので、この人だったら自分の病気について、他の人がまだ言語化してないものを言語化してくれるんじゃないかということを白石さんは期待したんじゃないでしょうか。

その頭木さんの本が二〇二〇年に出て、ちょっとまずいなと思ったんです（笑）。私は二〇一九年四月に発達障害の診断を受けました。ちょうど四〇歳で、最初はお医者さんが長い時間をかけて診療してくれましたが、その後は毎回三分間の、ベルトコンベアーに乗せられているかのような診療をされて、どうしていいかわからなかった。ネットの情報や本を読んでもよくわからない。自分は文学研究者なので、福祉や医療は専門家じゃないけれども、難しい専門書や論文でも頑張ったら読めるんじゃないかと思って読み始め、その過程で自分の発達障害と向き合っていこうと思い、白石さんが編集する「シリーズ　ケアをひらく」にも出会いました。面白くて全部読んでいったんですが、特に綾屋さんが書かれている自閉スペクトラム症（ＡＳＤ）の症例は私と重なるところが大きいわけで、これを自分のやってきた文学研究と融合させながらエスノグラフィーを作ると面白いんじゃないかというアイデアがひらめいた。それで論文を書いて、自分たちでつくっているオンライン研究雑誌に載せました。

頭木さんの本が出たのは、それを白石正明さんに見てもらおうと思ったのと同時期なんですね。私が当事者研究的な内容と文学研究的な内容を合体させる初めての人になろうと考えていたのに、すでに頭木さんが文学的な名言をちりばめながら、自らの病気について語っていた。もう先取権争いに負けてしまった気分でした。

その後、白石さんに原稿を送ったところ、「忙しいので落ちついてから拝読しますね」と言われ、体よく断られたと思っていたら、本当に一カ月後に「出しましょう」と返信をもらえました。ＡＳＤの当事者が書いた本は九〇年代からたくさん出ていたけれども、私の論文は、自分の自閉症プラスADHD（注意欠如・多動症）が、他者を考えずにしゃべったらこんなふうになり、定型発達者にわかるように書いたらこうなるという二重の言語の設定で書いたものです。白石さんはその二重構造がすばらしいと言ってくれて、さらにそれを三重構造にしようと言い出した。つまり、詩的な言葉と論文的な言葉と、さらに小説的な言葉で書いてはどうかということを提案され、それで『みんな水の中』を書いていったという感じです。

頭木　僕は医学書院の白石さんから「書きませんか？」というお話をいただいた時に、当事者研究という言葉を初めて聞いたんです。すでに世の中に広まっていたけれど、全然知りませんでした。白石さんから、お医者さんが研究するのではなく、患者当人が自分自身を客観的に研究するという説明を受けて、最初はまったく意味がわからなかったんですよ。たとえば僕自身を客観的に研究して、僕という一人の患者についての本を出したとして、そこにどれだけの意味があるのか。特に潰瘍性大腸炎という僕の病気は、一人一人の症状がかなり違う。そういう人間が自分一人だけのことを書いたって、他の人の役に立つかどうかわからない。たしかにお医者さんからの「七割の人はこうなります」というような統計的な診断だけでは、自分がはみ出す場合もあるので不満を感じます。その不満はわかるけれど、自分一人のことを書く意味があるのかどうかがわからない。だから当事者研究って、わかるようなわからないような感じがありました。

でも、それは僕が当事者研究をすごく科学的に考えていたからでした。つまり、お医者さんと同じように、個人が自分を科学的に見ることのように思っていたからよくわからなかったんですね。横道さんがおっしゃったように、熊谷晋一郎さんの『リハビリの夜』は非常に文学的な本で、読んでみて「ああ、当事者研究ってそういうことなんだな」と初めてわかった気がしました。

科学的な話だったら、一人の患者ではなく大勢を対象にしないと意味がない。でも文学なら、一人の人物の非常に個別的で具体的な物語を書くことで逆に普遍性が出るわけです。それが文学の不思議の一つであって、熊谷さんの障害は僕自身には関係ないけれど、読んで共感するし、通じるところがたくさんある。僕のような病人じゃなく、健康な人でもそうでしょう。そういう方向で病気を捉えるのは非常に面白いと思いました。

ただ、実際に書くのはなかなか難しくて、文学そのものに助けを借りたかたちになりました。斎藤先生がおっしゃったように、痛みのような個別的体験は患者同士でも違っていて、病院の六人部屋で話していても、他の人の痛みってよくわからないんです。でも、聞いてほしいからそれぞれ語って、「ああ、わかる」とか言い合いながら、でもわかってないんだろうなと思いつつ、それでもなんとか心を慰めるという感じです。だから、ごくたまに「本当にこの人は同じ痛みを感じている」ということがあると、滂沱《ぼうだ》の涙になってしまう。そういう分かり合えないものでも、文学を通すと、文学の普遍性によって、病気をしていない人にもある程度伝わるんです。それで『食べることと出すこと』を書くとき、文学からたくさん引用するというかたちをとりました。

斎藤　九〇年代から二〇〇〇年代は、エビデンス・ベースト・メディシン[*3]（EBM）が席巻してしまって、エビデンスがなければ医学じゃないみたいな話になりかけたんですが、エビデンスって要するに統計なんですよね。ということは、統計からはみ出す人が絶対にいるわけです。そういう統計に乗っからない人の存在をどうするかとなった時に、EBMと同じルーツから、ナラティヴ・ベースト・メディシン[*4]（NBM）が出てきました。ナラティヴ・ベーストというのは、その人固有の病気の語りに照準していきましょうという話ですからまさに文学なんです。

この運動は当事者研究にかなり近いところがあると言っていいと思います。ただ、「治療者は、たとえ医学的には不正確でも、もっと患者の話を聞いてあげましょう」みたいな、上から目線がないとは言い切れない。当事者運動は一種の政

＊3　自らの限られた経験や先入観にしばられた判断ではなく、可能な限り最良の科学的エビデンスに基づいて医療的判断をすること。

＊4　病を患った個々の患者が語る文脈に応じて、包括的に医療的判断をすること。

治運動でもあって、そういう権力関係を反転させていこうという勢力でもあったわけですが、NBMにはそういった側面はあまりなくて、医学がより完璧な体系であるためにエビデンスをナラティヴで補完していこうというような、医師―患者のヒエラルキーを前提としてはいるんですね。露骨ではありませんが。

ただ両者の必要性が示すように、統計に基づいて出てくる普遍性がある一方で、文学的普遍性も当然あるわけです。そもそも徹底して個別的なものは徹底して普遍的であるという発想は哲学や文学の専有物ではない。当事者研究は見かけ上はサイエンスという形式で文学をやっていこうという新しいムーブメントですよね。そして、物語があるのだったら批評もあっていいだろうというのが当事者批評じゃないでしょうか。お二人の本を先駆として、当事者批評という新しい領域がこれから広がっていきそうな予感がします。

――痛みに照準して読む「当事者批評」的な姿勢のほうが、多様な読みにつながる（斎藤氏）

頭木文学の秘密

横道　頭木さんの本は、文学的想像力が豊かですよね。風で本当によろめくとか、ヨーグルトが口の中で爆発したとか、生理用品を付けての外出であるとか、台所で便の海に立ったとか、強烈なインパクトがあって、それが頭に焼き付いて忘れられないところがすばらしくて。そしてそれ以上に文体ですね。私は最近、頭木さんの本をほぼすべて読み、頭木文学の秘密を解明しました。それは、読んで面白い落語の文章みたいになっていることです。落語をそのまま文章にしても面白くないんですよ。聴く面白さと読む面白さって違うし、読む面白さには、字面のような視覚的な面白さが要るじゃないですか。頭木さんの文体は眼で読むことで落語を聞くかのような体験ができる非常に独特なものです。とってもお腹にたまる文体です。実に味わいぶかい。私はそういう文体がありえると知らなかったから驚きましたし、感動もしました。

私の場合は、自分の固有の体験世界である「みんな水の中」を読者に追体験してもらえる文体をめざしています。発達障害があると音声に対する解像度が高すぎて、自分に関係ない音まで拾っちゃう。多くの人にはカクテルパーティー効果というものがあり、いろんなことがザワザワしていてストレスは感じるんだけど、その中で自分に関係ある音を拾っていくことが得意なんです。発達障害者はそれがうまく働かないことが多くて、結局いろんなノイズの海の中に居るような感じがしてしまう。それが「みんな水の中」という感覚の一つの原因になっていると思います。それに加えて視覚的なこだわりが強く、こちらは定型発達者よりもむしろ優れている面があるとも言われていて、神が細部に宿るみたいな感覚がすごくつかみやすい。だからディテールに凝るし、視覚的な魅力というのをすごく大事にしています。読者に、「みんな水の中」という感覚を聴覚的にも味わってほしいのです。

頭木　僕は横道さんの『みんな水の中』の「はじめに」でまずビックリしたんです。「私はいわゆる発達障害者だ。もしかすると私の「仲間」でも、多くの人は、私のような考え方や感じ方に無縁という可能性もある」とあって、要するに「これは自分だけのことかもしれない」と宣言しているわけですよね。普通、発達障害の本というと「発達障害というのは大体こういうものです」と説明するじゃないですか。でも横道さんは、「他の人とは違うかもしれない私だけのことです」と宣言しているのに感動したんです。非常に個別的で具体的で特別なことだけを書きます、と。これは文学的アプローチですよね。

それで読んでいくと、やっぱり共感できるわけです。発達障害者でなくても、読んで非常に面白い。これがもし「発達障害ってこういうものですよ」という本だったら、発達障害に興味を持っていないかぎりはそんなに面白くないし、面白くても知的興味ということになると思います。だけど、横道さんの本はとても共感できる。もっとも、水の中にいる感じとか、青が好きというのはわからないんですが、わからないけれど非常に面白く読めるんですね。

引用も特徴的で、たとえば「うれしさのあまり涎を垂らしながら訳した」というルソーの『新エロイーズ』（安士訳、一九六〇－一九六一）の一節が引用されています。この涎を垂らすほど歓喜して訳すという感覚は、わかるようなわからないような気がして。僕自身も翻訳を少ししますけど、涎を垂らすところまではいってない。だから横道さんの引用の仕方はすごいと思うし、切実な引用には魅力があります。引用といっても、自分の説を補強するための引用もあるし、リズム感をつくるための引用もある。横道さんの本は、せざるを得ない引用の連続で打たれます。

『みんな水の中』の書き方

頭木　『みんな水の中』の「Ⅰ　詩のように。」のパートと「Ⅱ　論文的な。」のパートには、同じ数の番号が付けられていますが、あれは一対一で対応しているんですか。

横道　ザックリと対応しているというか。自閉症があるとこだわりが強くなるので、「これだ」とか「これじゃない」というのが天啓的にわかるんです。発達障害があると、音に色が付いたりする共感覚の人が多いんですね。私には残念ながら、それは欠けているんですけれど。もしかしたらＡＳＤの「こだわり」は共感覚に似ているのかなと思っています。普通は無関係と見なされているもの同士が決定的かつ不可避な仕方で婚姻関係を結んでいるように感じられます。この論文のパートで書いてあることは詩の言葉で言うとこんな感じだという、自分にとっての決定的なかたちとか言葉があるんです。

頭木　横道さんがふだん考えているときは、詩のようなかたちで考えられていて、それを人に伝える時は、みんなが使う言語に翻訳して論文的なかたちで伝えられるという感じなんですか。

横道　そうですね。「詩のように。」の部分を全体を通して読んだ時の感じと、その後に来る「論文的な。」の印象や感じが、私にとってはほぼイコールになっているということです。

斎藤　ということは、論文パートを書いている時は、詩の部分を書いている時よりもひと手間かかっているという感じでしょうか。

横道　もちろんそうです。スイッチを切り替えている感じでした。

斎藤　それは何か不自然さを覚えるような感じですか。

横道　不自然さというよりは、すごく疲れますね。

斎藤　時間もかかる。

横道　はい、みんなに合わせている状態なので。もちろん定型発達者もTPOに応じて自分をアレンジしていくと思うんですけれども、私たちの場合には、それがもともとしにくいので、自分に負荷がかかっている状態ですね。

発達障害といっても、運動性の能力が低かったり、言語能力が低かったり、空間把握能力が低かったりと、いろんな発達障害があるんですよね。私の場合、言語能力や処理速度は平均よりも高いんですけど、運動能力や空間把握能力は低いので、キーボードを打つとあり得ないぐらい誤字、脱字、衍《えん》字だらけなんです。IQも全般的なIQだけで考えがちですが、人間の能力ごとにIQがあり、それが普通よりもデコボコしているのが発達障害者の典型的な特徴です。だから、普通の人と体験の仕方が違ってくるんですよね。同時にそれが自分独自の世界観につながっているんだと思います。

斎藤　以前、発達障害の専門家である杉山登志郎さんが、ＡＳＤの人と統合失調症の人の言語スタイルを比較していて、膝を打つような説得力がありました。彼が言うには、統合失調症の人は話してもわからないけど、書いたものをみると異常性がわかるというんです。逆にＡＳＤの人は、書いたものを見ても全然わからないけど、話せばわかると。この感じはわかりますか。

横道　わかります。書くとじっくり考えられるので、整理していけますよね。私たち自閉症者には、こだわりを発揮して特殊なものを集めたがる、そして集めたものを自分に納得できる固有の論理に依拠して並べたがるという習性がありますが、それとたぶん関係があると思います。じっくりと整理していくことにこだわりがあるんだけど、普段それができるぐらい待ってくれないので、パンクし続けているんです。

本を書いて何が変わったか

斎藤　お二人に伺いたいんですけど、本を書くというのは自分の経験を明晰化したり整理したりする、非常に大きな経験だったと思うんですが、本を書いた後で何か自分の中で変化した部分とか、あるいは新たにわかった部分とかはあったのでしょうか。

頭木　書いている最中はけっこう葛藤がありました。自分の体験を簡単に言葉にしてしまうことで、綿あめのような体験が割り箸だけになっちゃうんじゃないか、肝心なものが失われてしまうんじゃないかという感じがして。しかも失われたら、人に伝わらないだけじゃなくて、自分自身の中にも残らず消えてしまうかもしれない、と。

トーベ・ヤンソン（Tove Jansson）の『ムーミン谷の仲間たち』という本では、「旅行の話をしてくれ」と言われたスナフキンが「旅の話なんかベラベラしちゃったら、しゃべったことだけしか残らなくなって、あとはバラバラになって消えてしまう」と言って怒るんです。また、山田太一さんの『沈黙亭のあかり』という舞台作品では、心の問題が原因で耳も聞こえず、口もきけなくなった人が、あるショックからしゃべれるようになる。でも、その後に「しゃべると、しゃべったことだけになってしまう」と言う。黙っているといろんな思いが混ざったまま思い出せていた。だから、しゃべれるようになったことを後悔する、というようなシーンがあるんです。

　こういう感覚を僕も強く感じていましたし、その葛藤をなんとかしようとして文学の力を借りたところもあるんです。

斎藤　文学の力を借りることで、頭木さん自身の綿あめが付け加わるみたいなこともあったんでしょうか。

頭木　そうですね。文学って綿あめの付いたままの状態を、何とか言葉にしようと頑張ってくれているものなので、それを媒介にすることによって自分の綿あめも失われないし、相手にも伝わりやすくなる。言葉にならないものを言葉にすることを、文学はすごく頑張っている分野だとあらためて思いました。

斎藤　そうすると、書きあげた時点ではさほど後悔はされていないという感じですか。

頭木　何とか自分の体験を台無しにせずに書けたんじゃないかなとは思っています。

斎藤　今のお話はすごく興味深い。特に綿あめの話は、表面的には精神療法の発想と真逆なんですよね。トラウマって、断片化して綿あめ状になった記憶のことを言うんですが、その綿あめをぎゅっと整理／圧縮して、整った棒まで持っていくのがトラウマ治療なんです。記憶の断片がまとまりなく拡散していって、しょっちゅうフラッシュバックを起こす悪い記憶を一本の棒にまとめて悪さをしないようにする。そういう治療のメカニズムが想定されている。

ナラティヴ・セラピーもそういうところがあって、自分の人生に統合しきれないような広がりを持った外傷記憶を何とか物語として整理しつつ、自分のライフヒストリーに統合していくことで治療や回復につなげていこうとするわけです。私がやっているオープンダイアローグもそういうところがありますけど、オープンダイアローグの場合はまとまったハーモニーよりもまとまらないポリフォニーを重視します。いまの頭木さんの話は綿あめを綿あめのままで回復することに対するヒントのように思えました。

頭木　オープンダイアローグの本はとても感銘を受けました。解決や治療を目的とせずに、話すこと自体を目標として、結果として治療効果が出ることがある。もしかすると、そういう道筋しかない場合もあるんじゃないかなと思ったほどです。

自分の書く体験からしてもそうなんです。いろんな人が病気の体験記を書いていますが、今まであった闘病記の書き方のパターンにどうしてもはまってしまいやすく、そうすると、みんなすごく似てきてしまうんです。それは綿あめが棒だけになることに近づいていってしまうということです。すごく怖いことだと思い、何とかその綿あめの部分をもっと拾い上げられないかと考えていて。だからオープンダイアローグを知った時には、こういう方法があるのかと驚きました。

──当事者批評が出てくると、創作の世界はますます面白くなっていくんじゃないか（横道氏）

斎藤　それはうれしいですね。横道さんにも伺いたいんですが、書く経験がもたらしたものはどんなことだったんでしょうか。

横道　今まで私が書いてきたもので最初に興奮したのは、卒論を書いた時です。ローベルト・ムージル（Robert Musil）という作家を研究して、初めて本格的な論文を書いたので興奮して楽しかったのを覚えています。その一〇年後ぐらいにムージル研究に行き詰って、グリム兄弟に関する別の研究テーマにしたんですけれども、その最初の頃も興奮しましたね。今回の本がそういう興奮体験の三回目でした。結局自分の中で言葉にできないものを言葉にしていくという作業なので、その高揚感なんですね。本当に斬新なことができていることの楽しさだと思います。

頭木　そこは葛藤はなかったですか。高揚感のみ？

横道　もちろん葛藤はありましたけど、高揚感のほうが大きかったですね。

斎藤　フロー体験ですか。

横道　まさにそういう感じです。ただ、私が本を出したら、態度が変わった人が何人かいたのも事実です。「恥をさらすような真似をして」ということで、特に文学研究業界は昔ながらの教養主義がまだ残っているところでもあるので、軽蔑的な態度を見せてくる人もいました。でも、それは縁がなかった人だと思って軽く流していますし、自分の中ではブレイクスルーになったのでよかったです。

やっぱり「言語化してくれてうれしい」という読者の声もけっこうあったし、「みんな水の中」という感じがわかるという人もいました。高野秀行さんは、ADHDの部分はすごくわかるけど、ASDの部分は一切わからないという書評を書いてくれて、そういう声も面白かったです。

言語化してくれてよかったといわれた時にハッと思ったことがあって、以前、発達障害がある仲間と松浦理英子さんや綿矢りささんの本を読んだことがあったんです。そのときに女性のファンがどういうところで感動しているかという問題の一端を初めて理解できました。自分は人生でいろんなことを体験し、いろんなことを感じてきたけれど、世の中には男性の言説が支配的に流布しているから、なかなか自分の体験や感覚を言葉にできなかった。ところが松浦さんや綿矢さんの小説を読むと、自分が言葉にしたかったものがまさにここにあると感激した、と言うんです。たぶんフェミニズムに対する感動もそういうところにあるんでしょうね。なぜ悔しかったのかわからなかったけど、悔しさが精緻に言語化されて、そこに感動を覚えるのです。私の『みんな水の中』も、まさにそのような仕方で、「自分の感じていたこと、言いたかったことがここにあった」と仲間たちに思ってもらえた。そうした感想をいくつも届けてもらって、読者に貢献できたことを実感でき、幸せでした。

――特別な存在である必要はないし、全員が当事者だということのほうがむしろ重要（頭木氏）

カフカ『変身』と身体的苦痛

横道　斎藤さんと頭木さんって、「ひきこもり」つながりなんですよね。頭木さんは『ひきこもり図書館』（頭木編、二〇二一）というアンソロジーのなかで、カフカの「ひきこもり名言」を集めていますし、そもそもブレイクしたのは『絶望名人カフカの人生論』です。斎藤さんは、カフカをどんな人物として捉えているんでしょうか。

斎藤　カフカって病跡学的には、一貫して統合失調症圏の天才という扱いだったんです。私もそのように考えていた時期があります。発病こそしなかったけど、症状の代わりに小説を書くことによって、本当の発病を免れたのではないか、と。作品にはっきりと幻覚や妄想が描かれるわけではないんですが、『審判』（辻訳、一九六六）にあるような不条理な迫害描写などが病的と解釈されやすい。文体もそうですね。何か日常の感覚と隔絶した、自明性を欠いた異様な世界を描いていると精神科医はとらえていたわけです。悪く言えば、これほど統合失調症的な世界を描き得たのは統合失調症だったからに違いない、というトートロジー[*5]ですね。

でも頭木さんの本を拝見していくと、カフカを理解するのに統合失調症は特に

＊5　ある事柄を述べるのに、同義語、類語、同語を反復させる修辞技法のこと。

必要ないんじゃないかと思えてきました。カフカを身体的な苦痛をずっと感じ続けている人の視点で読むと、また別の読み方ができるだろうし、そちらのほうがずっと豊かな読みに開かれているのではないか。そういう視角を与えていただいた気がするんですね。

頭木　カフカの『変身』は健康な時に書いているんですけど、病気をしたとしか思えないようなシーンが出てきます。たとえば虫になってベッドから出るシーンってけっこう長いんですよ。下半身から出ようとしたら下半身は敏感で痛いからダメで、頭から出ようとしたら頭を打ちそうだからダメ。そうやってずっとグズグズやっている。あれは、ある日突然体の調子がおかしくなって目覚めた人間そのものなんですよね。

自分の体だけど、どこが痛くてどう動かしたらいいか、わからなくなるんです。普通自分の体って、どう動かせるとかどうやったら痛いとかわかっているじゃないですか。あれが一回ご破算になり、一から学び直さなきゃいけない。ちょっと足を動かしてみたらズキッとして「あ、これダメなんだ」とか、次こうやってみたら「ここが痛い」とか「こうやったら息が苦しい」とか。あのシーンって、実によくそういう感じが出ていて、だから読んでいて泣けてくるわけです。

斎藤　そういう読みこそが大事だと思うんですよね。その辺の異様な記述を、これこそが統合失調症の根源的な体験描写だと解釈してしまうのは過度に普遍寄りの観念的な読みであって、個別性の切実さが欠けている。身体的な苦痛や痛みに照準して読む「当事者批評」的な姿勢のほうが、ずっと多様な読みにつながるように感じます。

頭木　ただ、僕自身も『変身』（川島訳、二〇二二）を初めて読んだ中学生の時は、まったくそんなことは思わなかったんです。ものすごく健康だったので、なかなかベッドから出なかったり、やってきた支配人とゴソゴソしゃべっているところは、面倒くさいなと思って読み飛ばしていました。あそこがあんなに味わい深いなんて、病気するまでは思ってもいなかったですね。

それに関連して、カフカの『変身』を読んだ若い人がTwitterで、「虫になったザムザが当然外に飛び出して大冒険すると思ったら、部屋から出ないで終わるのでビックリした」と書いていたんです。そんなこと思ったことがないので驚きました。

斎藤　なるほど（笑）。あれは異世界転生ものだから、本当は冒険すべきだと。

頭木　『変身』のパロディっていっぱいあるんですけど、パロディでは大体外に出るんですよね。かんべむさしの「氷になった男」は、ミズコール・サムサが氷になるお話ですが、あれもやっぱり外に出る。逆に言うと、外に出ないのが『変身』のすごいところで、難病小説や介護小説としても読めてしまうわけです。
　ただ、僕は何を読んでも身体的に読まざるを得ないんですね。それは非常に偏った読み方で、そこに意味があるのかどうかという疑問を感じるところもあります。だから斎藤さんから、そういう読み方が一つの批評になり得るとおっしゃっていただけたのは非常にありがたいと思いました。

斎藤　そこには、そう読まざるを得なかった何か必然性みたいなものがあるわけですよね。そちらのほうがはるかに切実で価値があると私なんかは思うんです。それこそ国語の試験みたいに、「作者の言いたかったことを述べよ」みたいな読み方は全然つまらなくて、やっぱり自分にとって一番切実な角度から読まれてこその文学じゃないか。そういう視点からじゃないと、本当は病跡学をやってはいけないんじゃないかとも思うし、そういう意味で内側からの、切実に主観的な読み方があることを示せれば、また新しい批評や解決の世界が拓かれるんじゃないでしょうか。

頭木　横道さんが『パハロス』というオンライン雑誌に寄稿している「文学作品を読む自閉スペクトラム症者」（横道、二〇二一）という論文に、「世の中には、定型発達者への共感をむりやりに求められる作品が多くて、息苦しく感じてしまう」という一節があってハッとしました。文学作品の多くは、定型発達者向けみたいなところがあるんでしょうか。

横道　今の基準から言うと発達障害だったという詩人や芸術家もたくさんいたと思うので、一概には言えないんですけど、そういう傾向は強いように感じます。たとえば私の場合、芥川賞やノーベル賞を取るような作家の、いわゆる純文学はすごく楽しんで読めるんです。でも、本屋大賞を取るような作品は多くの人にとって楽しく感じられる娯楽要素が重要ですが、感じ方が定型的でない私にとっては、娯楽はしばしば謎として深すぎるため、自分の人生に無縁と思ってしまって理解できないんですね。だから大衆文学のほうが難しいです。純文学は純化されてて、ある種の究極的な真理の探究という目的があるから、考え方によっては単純でわかりやすい。

斎藤先生がさっき名前を挙げていたサヴァリーズは、ＡＳＤ者は他者に対する想像力が欠けているから、文学作品を理解できないと考えられがちだ、しかし彼らは単に非定型的な想像力をもっているだけで、想像力が必ずしも欠如しているわけではないということを明らかにしています。

私自身は、まさに文学作品を多読することによって、他者への想像力を磨きました。多くの人にとっては、発達障害者が地球外知的生命体のように感じられるわけですが、逆にこちら側から見ると、私たちがまっとうな地球人で、全体の一割以下の少数派です。圧倒的な多数派、つまり「定型発達者」と言われる人たちは、地球外知的生命体に感じられてしまう。その謎の生命体たちが構築した人類社会を、文学作品の読解を手引きとして、理解してきたと言えると思います。文学作品では、人間の心理メカニズムの秘密が、実に多彩なやり方で、きわめて詳細かつ具体的に解明されていますから。

斎藤　芥川賞作家の村田沙耶香さんは、精神医学的に見ると発達障害系としか言いようがない作品を数多く書かれています。しかもそれが非常に広く読まれている。横道さんは著書でも村田さんの作品に触れていましたが、やっぱり共感的に読めるものなんでしょうか。また、村田さんが今、作品が三十言語以上に翻訳されて国際的にも非常に高く評価されている状況について、何かお感じになることはありますか。

横道　私は発達障害者で集まっていろんな文学や芸術を楽しむ会をオンラインで開催していますが、『コンビニ人間』（村田、二〇一六）はみんな共感します。自分の話としか思えなかったという人もいますからね。何カ月か前に、村田沙耶香さんが外国の『コンビニ人間』の翻訳者たちとオンラインで対談しているのを見ていたら、やっぱりその話が出ていて、アメリカやイギリスの人から発達障害者の話かと言われて、村田さん自身はそんなふうに考えていなかったのでびっくりした、というエピソードを披露していました。

でも、当事者の私から見ても、村田さんの作品の主人公たちは解離している、つまり現実と空想の境目が曖昧になっているＡＳＤ者、私とまさに同じタイプだと思ってしまいます。ですから私も『コンビニ人間』にはすごく感動しました。私の中では発達障害を描いているかのような印象を受ける作家の中でもトップクラスだと思います。

誰もが当事者批評の書き手に

頭木　大江健三郎さんの初期の作品で「鳥」（大江、一九七四）というのがあって、これはひきこもりの青年の話なんです。部屋にひきこもっていて、鳥がいっぱい自分の上に止まっている幻想を抱きながら、幸せに暮らしている。そこから、ひきこもりを連れ出す業者みたいな人がうまいこと言って、当人をその気にさせて連れ出すんです。だから、当人の自由意志で外に出るんですけれども、やっぱり外になじめなくて部屋に戻ってきた時に、もう鳥が呼び戻せない。結局、部屋の中でも幸せに暮らせなくなるという短編です。

僕は一三年ぐらい、病気のせいでひきこもっていたわけですけど、そうなると

「もうひきこもらなくていいよ」となっても、心がひきこもりに適応して変化してしまっていて、もう外に出られなくなっているんです。そういうひきこもり心を持った人間が、この大江さんの短編を読むと本当にしびれるわけです。一回出てしまったらもう取り戻せない。あれがなぜ書けるのか。別に大江さんはひきこもってないじゃないですか。当事者が読んで「まさにこれだ」と思えるほどのものを、なぜ文学者は書けるのかというのは謎ですよね。

横道　ここだけの話ですが（笑）、私の『みんな水の中』には下敷きみたいなものがあって、種明かしをすると、大江健三郎さんが一九八〇年代くらいから本格的にやるようになった、典型的には『新しい人よ眼ざめよ』（大江、一九八六）などの小説なんです。つまり、毎日生活していきながら、英語やフランス語の本を訳して、そこに書いてある経験と自分の生活を照らし合わせていくんですね。

これらの本は当時、成功した作家がやっている驕りのようなものだと評す批評家もいて、大江さんの作品群のなかで際立った評価を得てきたわけではないかもしれませんが、大江さんは切実にやっていたと思うんですよね。

頭木　それは僕も思いました。最初に読んだ時は、まだ病気前で、正直「文学と共に生きていくというのは作家だからできることで、普通の人間には関係ない」と思いました。でも、病気をして、自分が文学を生きる支えにするようになってから読んだ時は、「なんて切実なものを書いていらっしゃったんだ」と思いましたね。今は『新しい人よ眼ざめよ』は大好きです。

横道　誤解が解けてよかった。私は九〇年代に若者時代を過ごしたので、大江健三郎さんがノーベル賞を取ってから、一生懸命彼の作品を読みまくっていたんですが、『新しい人よ眼ざめよ』のような作品って、大江健三郎を面白いと言っていた文学好きの友人たちも、なかなか同意してくれませんでした。リビドーがあふれまくっている初期作品、典型的には「セヴンティーン」（大江、一九六八）なんかですが、そういうのは周囲に絶賛する人もいたのですが。でも、彼が一生懸命本を読みながらあがいているあの切実さは、もっと評価されるべきだと思うんです。

斎藤　切実さということに関して思い出したのですが、二〇年ぐらい前のアート業界では、アウトサイダー・アートブーム[*6]がありました。アウトサイダーの定義とは少し違うのですが、要は精神疾患を患った人の創った作品が、非常に高い評価を受けていた。アドルフ・ヴェルフリ（Adolf Wölfli）やヘンリー・ダーガー（Henry Darger）などが代表格ですね。日本の現代アートでも、「自分はこんな幻覚を持っていて」みたいなことをあえて偽装する人が出てくるぐらいブームが過熱していて、蜷川実花さんのように「自分はトラウマもないし病気もないし、これでいいんだろうか」などと、健康コンプレックスみたいなものを抱いてしまう人まで出

＊6　芸術・美術教育訓練を受けていない者の制作した作品。日本では、障害者の創作物を指して呼ぶことが一般的。

てきた。そういういびつな状況の中で、「自分にはこれがリアルなんだ。これしか表現できないんだ」という切実さを持って表現することを才能だと思う人々がいたわけです。病むことでそうした才能が開花する、みたいな幻想があった。アウトサイダー・アートブームには一定の功績があったと思いますし、分野としても定着していますが、残念ながら「当事者」という視点は希薄だったと思います。

ただ、当事者性を踏まえた作品を作るにしても、単にマジョリティの感覚から外れた作品を作ることが純文学なんだという勘違いになってしまうとちょっとまずいと思っています。それこそ頭木さんや横道さんのようなさまざまな体験を踏まえた感性があることを踏まえたうえで、自分の中にある特異なプロセスをうまく賦活できればそういった作品ができるだろうし、当事者性って、何も病んだことかハードな経験をしたとか、そういうことばかりじゃないですよね。

横道　おっしゃるとおりだと思います。熊谷晋一郎さんは、以前から、当事者研究をする人を増やす活動を一所懸命やっていますよね。たとえば、二〇二〇年に『お母さんの当事者研究』という本を出しました。お母さんは当事者なんですよ。同じようにスポーツマンや会社員の当事者研究だってありえるえし、構成作家や編集長としての当事者研究というのもありえるわけです。

さらに最近の熊谷さんは、コロナ禍によって人々は総障害者化したと言っています。だから熊谷さんは当事者研究がもっと促進されて、時代の潮流を作り出しても良いのではないか、と問題提起しています。そして、それに並行して、文学の世界では熊谷さんも予想しなかった動きが起こり、私の『みんな水の中』によって、さらにはその先駆的な作品にあたる頭木さんの『食べることと出すこと』によって、当事者批評という新ジャンルが出現してきている。ぜひ、当事者研究ともども、当事者批評がもっと広がってほしい。どんな人間でも唯一無二のかけがえない存在なわけですから、誰でも当事者研究はできるし、そういう唯一無二の自分から見ると文学や芸術はこう見えるんだという当事者批評が出てくると、創作の世界はますます面白くなっていくんじゃないかという気がします。無数の当事者批評が生まれ出てくる余地があります。これからの創作のフロンティアになりえます。

頭木　それはすごく思いますね。僕らは病気や障害があるから目立つだけで、そうではない人たちも全員やっぱり当事者だと思うんです。足を怪我した人が、いつもの道を歩いて、デコボコしているとか傾いているとか、初めていろんな問題に気づく。それを聞いて、「ああ、そうなんだ」と、他の健康な人たちもそれに気づく。健康な人たちがつまずいていたのも、じつはそのせいかもしれない。だから、われわれのような存在がきっかけとなって、全員が当事者だということに気づいてもらえればいいんですよね。何も特別な存在である必要はないし、全員が当事者だということのほうがむしろ重要じゃないかと思います。

文献

綾屋紗月、熊谷晋一郎（二〇〇八）『発達障害当事者研究——ゆっくりていねいにつながりたい』医学書院

フランツ・カフカ［辻瑆＝訳］（一九六六）『審判』岩波書店

フランツ・カフカ［頭木弘樹＝訳］（二〇一四）『絶望名人カフカの人生論』新潮社

フランツ・カフカ［川島隆＝訳］（二〇二二）『変身』KADOKAWA

頭木弘樹（二〇二〇）『食べることと出すこと』医学書院

頭木弘樹＝編（二〇二一）『ひきこもり図書館——部屋から出られない人のための12の物語』毎日新聞出版

熊谷晋一郎（二〇〇九）『リハビリの夜』医学書院

熊谷晋一郎＋当事者（お母さんたち）（二〇二〇）『お母さんの当事者研究——本心を聞く・語るレッスン』ジャパンマシニスト社

村田沙耶香（二〇一六）『コンビニ人間』文藝春秋

大江健三郎（一九七四）「鳥」『見るまえに跳べ』新潮社

大江健三郎（一九八六）『新しい人よ眼ざめよ』講談社

大江健三郎（一九六八）「セブンティーン」『性的人間』新潮社

ジャン＝ジャック・ルソー［安士正夫＝訳］（一九六〇-一九六一）『新エロイーズ（全四冊）』岩波書店

斎藤環（二〇〇七）『思春期ポストモダン——成熟はいかにして可能か』幻冬舎

ラルフ・J・サヴァリーズ［岩坂彰＝訳］（二〇二一）『嗅ぐ文学、動く言葉、感じる読書——自閉症者と小説を読む』みすず書房

横道誠（二〇二一）「文学作品を読む自閉スペクトラム症者——「脳の多様性」と「当事者批評」」『パハロス』第二巻、七〇-九〇頁

横道誠（二〇二一）『みんな水の中——「発達障害」自助グループの文学研究者はどんな世界に棲んでいるか』医学書院

異なる世界をつなぐ
創作と研究

横道誠
×
村上靖彦

横道誠氏の著書『唯が行く！——当事者研究とオープンダイアローグ奮闘記』の刊行を機に、村上靖彦氏との対談が催された。物語の主人公である大学生・唯は自助グループに関わり、当事者研究について学んでいく。

自助グループの経験――「当事者創作」と「分身」

村上　横道さんの『唯が行く！』（二〇二二）はいろいろな読み方ができる本です。僕自身も研究者として、当事者研究の場に出入りしていますが、この本は、自助グループでたくさんの経験をされた方にしか書けないものです。当事者研究の集まりをするときに、どのようなトラブルが起きて、どういうふうに解決していけばいいのか。それを考えるうえで、すごく実践的な本だと思います。たとえばソーシャルワーカーの向谷地生良さんの本を読むと、当事者研究の本質的な部分をついていますが、ユーモアの部分を強調していますよね。フランクル（Viktor Frankl）についてのコラムで、ユーモアは生き延びる技術だという考え方が紹介されていますが、『唯が行く！』自体はシビアな内容を含む、ある種のビルドゥングスロマン[*1]ですよね。

横道　そうですね。もともとは、唯のサークルの一学年上の先輩、レンツを主人公にして書いていました。発達障害のあるレンツは、私の若いころの投影なので、前書『みんな水の中』（二〇二一）の過去編のようになってしまい、おもしろくなくて。それで唯を主人公にした構成に変えました。

＊1　年若い主人公の心の成長や人間形成の過程を描いた小説のこと。

村上　レンツさんが横道さんの投影だとして、この物語のたくさんの登場人物が、少しずつ横道さんの分身なのかな、と思いました。

横道　おっしゃる通りです。自閉スペクトラム症（ＡＳＤ）の傾向がある人はそういう創作をするのではないかと考えています。斎藤環さんは、疾患や障害の当事者の側から作品や思想を読み解く行為を、病跡学を反転させた「当事者批評」と言っています。その当事者の私から見ると、私が好んできた創作者たち、大江健三郎、村上春樹、あるいは庵野秀明などは、ＡＳＤの特性が強く、「分身」だらけの作品を作る傾向があります。学校のなかで、稀に自分の分身のような人に出会った衝撃があるからかと思います。この本は自助グループの一つのエスノグラフィーですが、ＡＳＤと注意欠如・多動症（ＡＤＨＤ）という私の障害の特性が表れている、一種の「当事者創作」だと思います。

村上　一方で横道さんの分身でありながら、他方でとても多様な障害をもった人物たちが登場しますよね。

横道　臨床心理学には、人権保護や守秘義務を重視して複数の人物で臨床報告をつくる技法があります。それを参考にして、本書ではどの人物にも、最低三人以上掛け合わせています。この二年間の間に、当事者研究の自助グループの集まりを約一五〇回、オープンダイアローグ（ＯＤ）を約八〇回開催しました。八五％

はオンラインで、一五%は京都で対面の形でした。

村上 すごいですね。

横道 知っている当事者は千人を超えましたし、そこでのいろいろな対話が創作のベースになっていると思います。

村上 ある種のフィールドワーク、フィールドノートの蓄積でもあるのですね。

横道 そうです。唯のキャラクターは複雑に構成されています。私自身の分身でもありながら、私の昔の恋人、女友達が投影されていますし、『のだめカンタービレ』の主人公ののだめも参考にしています。そして、無数の女性の当事者たちの融合体です。

村上 なるほど。登場人物の名前がみんなユニークですが、どのように考えて作られたのですか。

横道 ASDの強烈なこだわりの特性ですね。大江健三郎の『万延元年のフットボール』(一九八八)の、蜜三郎とその弟の鷹四などと同じ。個々のキャラクターに対する独特な観念があります。音を聞くと色が見えたりする共感覚のようにして、そういう観念とある名前が結びつく。自助グループでは「アノニマス・ネーム」と言いますが、そういうふうにしてポンと湧いてきた名前です。

村上 横道さんが作ったキャラクターに合わせて名前が連想されるわけですね。

存在しない種類の本――研究のあり方を問い直す

村上　横道さんの『唯が行く！』も『みんな水の中』も、作りがめちゃくちゃ新鮮で、登場人物の名前も含めて、ほんとうにオリジナルですよね。

横道　昔から奇書が好きでした。本が売れない時代だからこそ、これまでに存在しなかった種類の本を世に贈りたいという強い願望があります。私の本は、今後もすべて奇書であってほしいです。

村上　その自由さがうらやましいですね。横道さんは僕より一〇歳ぐらい若い。一九七〇年生まれの僕の学生時代は、後期ポスト・モダンの突飛な思想がいろいろと出てきた時期でした。そういうものに憧れましたが、自分で書ける気はしませんでした。

横道さんは、デリダ（Jacques Derrida）やミシェル・セール（Michel Serres）が書いていたような、非常におかしな構成の本の、別のフェーズというか、次のステップにいっているなと思います。

横道　次のステップというと褒められすぎだと思いますが（笑）、二一世紀に入るころに大学生でしたので、フランスの現代思想もたくさん読みましたし、その影響を受けていると思います。ドイツ系だと、ニーチェやベンヤミン（Walter Benjamin）などの奇想天外な議論にも憧れましたね。

哲学の研究者には、本来の哲学的探究と少し違うことをやっていることに忸怩たる思いをもっている方がいると思いますが、私も文学研究者として同じような思いをもっています。文学研究の歴史は哲学よりもずっと短いですが、一九世紀にドイツ文学研究という分野を作ったグリム兄弟だけを見ても、法制史、言語学、神話研究、民俗学などいろいろなことをやっているんですね。ルネッサンス以降の人文主義者も、多様な関心の一部として文学を考察していた。そのような幅を無くした現在の文学研究に疑問があります。

自分の障害の当事者性と、文学研究を融合させ、かつ、研究者の仕事ではない創作をやってみる。そうすると、面白いことができるのではないかと思っています。

村上さんは『子どもたちがつくる町』（二〇二一）で、「現象学的媒介者」というあり方について述べています。完全な当事者ではないが、巻き込まれながら現場の視点で言語化する存在です。私の場合も、ある種の媒介者と言えるように思います。当事者としての私、アマチュアの読書家として精神医学や福祉の本から情報収集する私、そして文学研究者の専門家としての私を協働させる実験、それが

『唯が行く！』です。

村上　今のお話にすごく共感します。まず、横道さんの本は文学研究の閉塞感を打開するものであるということです。文学研究ではポストコロニアリズムやフェミニズム批評が盛んですが、哲学研究の中心は今も文献研究です。哲学の書物としてみると文献研究に偏重した研究のあり方を問い直すものになっていると思います。

横道さんは専門のドイツ文学だけでなく、医療や福祉の本もたくさん読まれています。専門の文学研究と医療、福祉の当事者研究の領域の交差点で、『みんな水の中』も『唯が行く！』も成立しているんだなということがよくわかりました。

横道さんと僕に共通するのは、文学研究の訓練を受けているところです。僕も修士課程までそうでした。文学のテキスト研究って、実は、すごく役に立つじゃないですか。僕がやっているインタビュー分析や、とりわけナラティブの理解にも、直接的に役に立ちます。なので、横道さんのお仕事は、文学研究ってこういうふうにいきてくるよね、ということがわかる、画期的なステップだと思います。

横道　ありがとうございます。『みんな水の中』も『唯が行く！』も文学研究の世界ではまだそんなに注目されていませんが、私としては文学研究の可能性に挑戦したつもりです。

当事者研究の出発点――場の安全をどう保つか

村上　気になるのは、『唯が行く！』では、統合失調症の人が出てこない点です。それに、当事者研究もオープンダイアローグも統合失調症から出発していますよね。今回、本の作りとして、統合高機能自閉症は統合失調症と誤診されてきました。今回、本の作りとして、統合失調症の人を登場させなかった理由は横道さんの分身にはなりえないからということでしょうか。

横道　私にとってまだ考察の余地があると考えました。発達障害への関心が日本で広がったのはここ十数年、自閉症の研究が進んだのもここ三〇年くらいです。自閉症の人の手記はいろいろありましたが、私は自分が当事者と気づかず、人文学でも伝統的に注目されてきた統合失調症関連の本をよく読んでいました。

『唯が行く！』のレンツもドイツの作家ゲオルク・ビューヒナー（Georg Büchner）の小説のタイトルから取っています。その小説では主人公の実在の作家レンツが統合失調症になって、精神崩壊を起こします。若いころから、社会からの疎外や隔絶という面で、統合失調症に共通するものが私にあると感じていました。将来的には、ゲオルク・ビューヒナーの「レンツ」（岩淵訳、二〇〇六）についての研究書を書きたい。それは当事者批評ということではなくて、正統的な文学研究として、ですけれども。

村上 なるほど。どんどん本の構想が出てくるのもすごいですね。

横道 私の自助グループに来られる方の、統合失調症のパーセンテージが低いという問題、近年の統合失調症が軽症化しているなどの問題もあります。

村上 そういうことだったんですね。というのも、当事者研究とODは、統合失調症のグループを出発点にして始まっているからです。統合失調症の人が出てこないというのはひとつの大きな選択ではないかと思います。この点を不思議に思う読者もおそらくいるのではないか、と。

横道 他方で、親子問題はかなり大きな扱いになっていますね。発達障害、アダルトチルドレン、[*2] 宗教二世、LGBTQ＋の自助グループをやっているのですが、親に対する恨みつらみを洪水のように聞きましたから。

村上 この本は、トラブルシューティング集にもなっています。横道さんは、どうやって場の安全を保つかにすごく配慮されていると思います。大事なことですが、みんなあまり触れていないことです。

当事者研究のグループって、実はけっこう危険じゃないですか。たとえば、アルコホーリクス・アノニマスの自助グループでは、言いっぱなし、聞きっぱなし

＊2 親や社会による虐待や、家族の不仲、感情抑圧などの見られる機能不全家族で育ち、生きづらさを抱えた人。医療における診断名ではない。

だから、お互いに干渉しないという形で安全を守ります。匿名性も保証されています。ところが、当事者研究のグループでは、僕も参加したことがあって感じたことですが、けっこうフロアからいろいろなことを言う人がいます。それはまずいだろう、というようなコメントで怒ってしまう人も出てきます。

その点で、『唯が行く!』はすごく実践的で、貴重だと思います。

横道　私自身が参加させてもらった会でも、疑問に思う場面はありました。私も自助グループ経験が浅かったときにいろいろな失敗をしました。その生々しい感じを表現しました。

『唯が行く!』では、発達障害のある「紙ネン℃」さんが、完全に敵対的な姿勢で自助グループに参加してきます。唯の言葉に対して「説教を聞かせんなよ!」と。そのようなやりとりをリアルに感じることがありましたね。

自助グループの歴史は、アルコホーリクス・アノニマスから始まって、アノニマス(匿名)の形以外にもさまざまに広がっていったことについて、この本でも触れています。当事者からすると、具体的なアドバイスは距離が近すぎるんですね。とくにODではアドバイスは良くないと言われていますが、当事者には具体的なアドバイスが欲しくて、わざわざ自助グループに参加しているんだ、という声もある。いつもそのバランスは考えてしまいますね。たとえば、アドバイスするときにも、なるべく提案の形にするとか、唯がいろいろと模索しています。
私は当事者として自助グループをやっていて、参加者はみんな専門家ではないわけです。斎藤環さんは当事者を「経験専門家」と呼んでくれて感激したのですが、一方で、現場で経験を積んでいくと、当事者が自分をプロの支援者であるかのように錯覚しているケースがあって、それはかなり危ないと感じます。私は医療や福祉の人間ではありませんが、人文系の専門家なので、一方では当事者第一でありつつ、他方では専門性の軽視に抵抗があります。

村上　今のお話は、ピア・サポーター*3やセルフ・ヘルプ・カウンセラー（SHC）と関係してきますよね。ピアとして出発した人たちが、ある種の指導的な立場になっていく。アルコホーリクス・アノニマスの会では、後から来た人が一番なんだ、という構造を作ることによって、そこで起きるねじれを回避しているといいます。ほかに、ピア・サポーターとしてトレーニングを受けるなど、どういうことが必要なのでしょうか。

横道　自助グループでいうと、単純に経験を積むしかないと思います。しかしマニュアル化は難しい。べてるの家がうまくいったのは、やはりコミュニティだからです。村上さんも『子どもたちがつくる町』でコミュニティの成功例を考察していますね。継続して一緒にいるから、気の置けない関係になっていく。ところが、

＊3
障害や病気、アルコール依存など同じような悩みを持ち、お互いに支え合う人たちのこと。

自助グループの決定的な問題は、一見さんが優勢であることです。一部の人はリピーターになりますが、少数派。唯はリピーターになり、リーダーにすらなっていきますから、彼女から見ると、彼女のグループ「蕣《あさがお》」はコミュニティと錯覚されますが、実際にはそれはコミュニティでなく、唯はいわゆる生存者バイアス*4を生きています。

私の周りを見ていても、自助グループとして、より発展的な未来を模索する人は、NPO法人や一般社団法人をめざしたりする。『唯が行く!』の本編の物語は、唯が自助グループに参加した一年間ですが、唯の未来は、ゲームブック型（読者の選択によって物語が分岐する）のマルチエンディング方式で描いています。そのなかには、福祉のNPOを作るという展開もあります。それが本当に自助グループなのかどうかも難しくなっていくのですが。

村上　大事なことが失われることもありうる。規範が導入されてしまうし。

マルチエンディングの物語──哲学と障害・病気の世界観

村上　この本のマルチエンディングの部分はとても面白いですね。この本のストーリーは三つの時代に分けられると言っていいですか。

＊4　失敗した対象を見ずに、成功した（生存した）対象のみを基準に判断をしてしまうこと。

横道　そうです。本編では唯が一八歳で、本編の物語の合間に講義が入っています。三六歳、五四歳、と九の倍数で唯の人生を分けてとらえています。

村上　未来の話として五四歳の唯も描かれていますが、五四歳は、今の横道さんよりも年上ですよね。

横道　私が女性の立場で物語を書いてみるとして、だいたいは一八歳くらいまでならリアルに書けるのではないかと思いました。その年代までなら、女の子も完全に女性化しきっていないということもあるし、女性的な文化や、過去の交際相手や、私の教え子から学んだことも盛り込めると思いました。

村上　そうなんですよね。どうしてマルチエンディング方式にしたのですか。

横道　パラレルワールド、あるいは複数の「世界線」の提示は、ある種のポリフォニーではないかと思いました。あとは、子どものころに、そういう本に夢中になったことが懐かしくて。いまは廃れた文化ですけれども。

村上　なるほど。そういう遊びの部分もあるんですね。

本書の講義のなかで、たくさんの引用がされていますが、なぜハイデガーを取り上げたんですか。

横道　私は第一にハイデガー、第二にカント（Immanuel Kant）の影響を受けています。これも当事者批評ですが、二人ともフッサール（Edmund Husserl）やヴィトゲンシュタイン（Ludwig Wittgenstein）と同様、自閉症の特性があると感じるんです。カントは決まった時間に散歩していたし、見識はもちろん広いですが、自分の生まれた街から出たことがなかった。ハイデガーは他者や社会に関する議論が弱く、他方で芸術や詩が人間に向かって存在を開示する、つまり「明《あ》け透《す》き」には異様にこだわる。そこに自閉症的な特性を感じて、身につまされるんです。

村上　すごく意外です。フッサールは発達障害的なところがあり、カントにもそういう傾向があるのはわかりますが、ハイデガーはそのように思ったことがなかったので。フッサールとハイデガーは全く違うキャラクターですよね。

横道　あくまで病跡学ではなく、当事者批評ということで（笑）。

村上　当事者批評としてハイデガーを読んでいる。横道さんには、ご自身の経験に照らしてハイデガーを読み込む素地があるということですね。ただ、『唯が行く！』の世界（ないし全体の構成）と、ハイデガーの世界の交点はどこにあるのでしょうか。

横道　自分自身の固有の障害や病気の世界観を立ち上げていく。その当事者批評の性格が、ハイデガーの実存哲学と鮮烈にオーヴァーラップするように感じました。

村上　横道さんは翻訳もされています。翻訳は、二つの言語の間に挟まれるものなので、外国語と日本語の翻訳であると同時に定型発達と発達障害の間をつなぐということでもある。その意味で横道さんは、発達障害の当事者研究をされてきた綾屋紗月さんとはスタイルの違ったつなぎ方を編み出したのではないかと思います。

文献

ゲオルク・ビューヒナー［岩淵達治＝訳］（二〇〇六）「レンツ」『ヴォイツェク ダントンの死 レンツ』岩波書店

村上靖彦（二〇二一）『子どもたちがつくる町――大阪・西成の子育て支援』医学書院

大江健三郎（一九八八）『万延元年のフットボール』講談社

横道誠（二〇二一）『みんな水の中――「発達障害」自助グループの文学研究者はどんな世界に棲んでいるか』医学書院

横道誠（二〇二二）『唯が行く！――当事者研究とオープンダイアローグ奮闘記』金剛出版

本書は、次の対談や鼎談を基に構成されている。

対話はひらかれ、そしてケアが生まれる——『唯が行く！——当事者研究とオープンダイアローグ奮闘記』刊行記念トーク・イベント。

ケアする読書会——二〇二三年二月六日、Zoomにて収録。

「当事者批評」のはじまり——『文學会』二〇二二年三月号に初出。

異なる世界をつなぐ創作と研究——『週刊読書人』第三四三四号（二〇二二年四月一日）に初出。

横道誠（よこみち・まこと）
一九七九年生まれ。京都府立大学文学部准教授。博士（文学）（京都大学）。専門は文学・当事者研究。著書に『みんな水の中』（医学書院）、『唯が行く！』（金剛出版）、『イスタンブールで青に溺れる』（文藝春秋）、『みんなの宗教2世問題』（晶文社）、『ひとつにならない』（イースト・プレス）、『解離と嗜癖』（教育評論社）、『当事者対決！心と体でケンカする』（頭木弘樹との共著、世界思想社）、『海球小説』（ミネルヴァ書房）ほか多数。

斎藤 環（さいとう・たまき）
一九六一年生まれ。筑波大学医学研究科博士課程修了。医学博士。爽風会佐々木病院・診療部長を経て、筑波大学社会精神保健学教授。専門は思春期・青年期の精神病理学、「ひきこもり」問題の治療・支援ならびに啓蒙。著書に『オープンダイアローグとは何か』（医学書院）、『社会的ひきこもり』（PHP新書）、『「自傷的自己愛」の精神分析』（角川新書）、『100分de名著 中井久夫スペシャル』（NHK出版）ほか多数。

小川公代（おがわ・きみよ）
一九七二年生まれ。上智大学外国語学部教授。ケンブリッジ大学政治社会学部卒業。グラスゴー大学博士課程修了（Ph.D.）。専門は、ロマン主義文学、および医学史。著書に『ケアの倫理とエンパワメント』、『ケアする惑星』（講談社）、『感受性とジェンダー』（水声社）、『世界文学をケアで読み解く』（朝日新聞出版）、訳書に『エアスイミング』（シャーロット・ジョーンズ著、幻戯書房）ほか多数。

頭木弘樹（かしらぎ・ひろき）
文学紹介者。筑波大学卒。大学三年の二十歳のときに難病になり、十三年間の闘病生活を送る。そのときにカフカの言葉が救いとなった経験から、二〇一一年『絶望名人カフカの人生論』（飛鳥新社／新潮文庫）を編訳。著書に『絶望読書』（河出文庫）、『カフカはなぜ自殺しなかったのか？』（春秋社）、『食べることと出すこと』（医学書院）、『自分疲れ』（創元社）、『口の立つやつが勝つってことでいいのか』（青土社）ほか多数。

斎藤哲也（さいとう・てつや）
一九七一年生まれ。人文ライター。人文思想系、社会科学系の編集・取材・構成を数多く手がける。著書に『試験に出る哲学』『もっと試験に出る哲学』『試験に出る現代思想』（NHK出版新書）、『ちくま現代文記述トレーニング』『読解評論文キーワード』（筑摩書房）、監修・編集に『哲学用語図鑑』（プレジデント社）など。取材・構成に『ものがわかるということ』（養老孟司・祥伝社）ほか多数。

村上靖彦（むらかみ・やすひこ）
一九七〇年生まれ。基礎精神病理学・精神分析学博士（パリ第七大学）。大阪大学大学院人間科学研究科教授・感染症総合教育研究拠点CiDER兼任教員。著書に『在宅無限大』（医学書院）、『子どもたちがつくる町』（世界思想社）、『ケアとは何か』（中公新書）、『交わらないリズム』（青土社）、『「ヤングケアラー」とは誰か』（朝日新聞出版）、『客観性の落とし穴』（ちくまプリマー新書）、『傷の哲学、レヴィナス』（河出書房新社）ほか多数。

（※本書掲載順）

ケアする対話《たいわ》
この世界《せかい》を自由《じゆう》にするポリフォニック・ダイアローグ

2024年3月1日　発行
2024年6月10日　2刷

著者――横道 誠
斎藤 環
小川公代
頭木弘樹
村上靖彦

発行者――立石正信
発行所――株式会社 金剛出版
〒112-0005
東京都文京区水道1-5-16
電話 03-3815-6661
振替 00120-6-34848

装丁・装画◉惣田紗希
本文組版◉石倉康次
印刷・製本◉太平印刷社

Printed in Japan©2024　ISBN978-4-7724-2024-2 C3011

JCOPY〈(社)出版者著作権管理機構 委託出版物〉
本書の無断複製は著作権法上での例外を除き禁じられています。複製される場合は、そのつど事前に、(社)出版者著作権管理機構（電話03-5244-5088、FAX 03-5244-5089、e-mail: info@jcopy.or.jp）の許諾を得てください。

ちょっと躁鬱っぽい
女子大生・唯《ゆい》の物語から学ぶ、
苦労とユーモアの自助グループ！

唯《ゆい》が行く！

当事者研究とオープンダイアローグ奮闘記

横道 誠

当事者研究とオープンダイアローグ
——この二つの概念を「自助グループ化」する新たな営みは敷居を低くし、
それでいて当事者理解とケアの本質をとらえるものだった。

四六判　並製　304頁
定価円2,640円